I0783091

ENCICLOPEDIA DEL PRESEPE

SIMBOLI, STORIE, TRADIZIONI

CIRO E NINO MOCATO

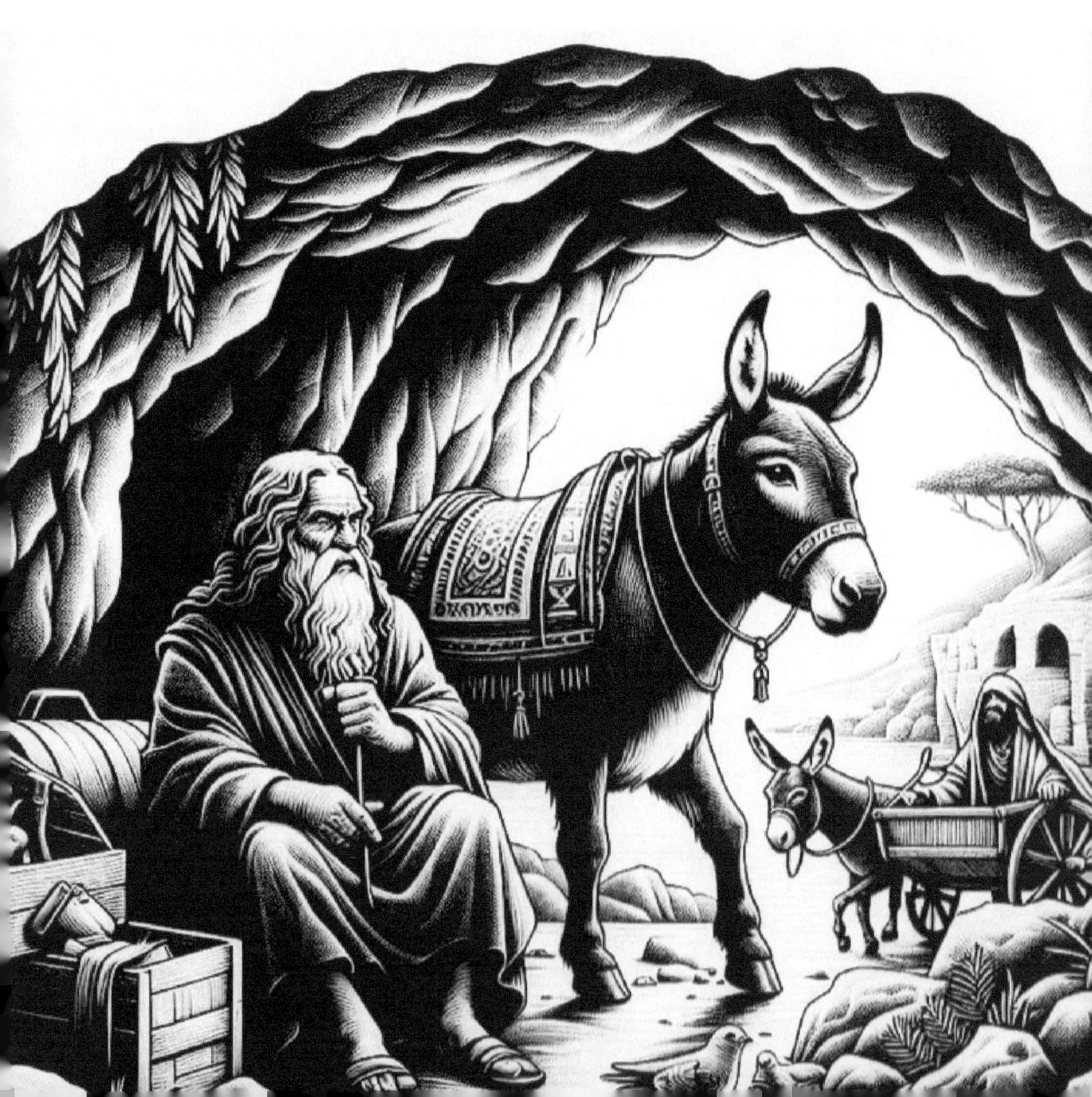

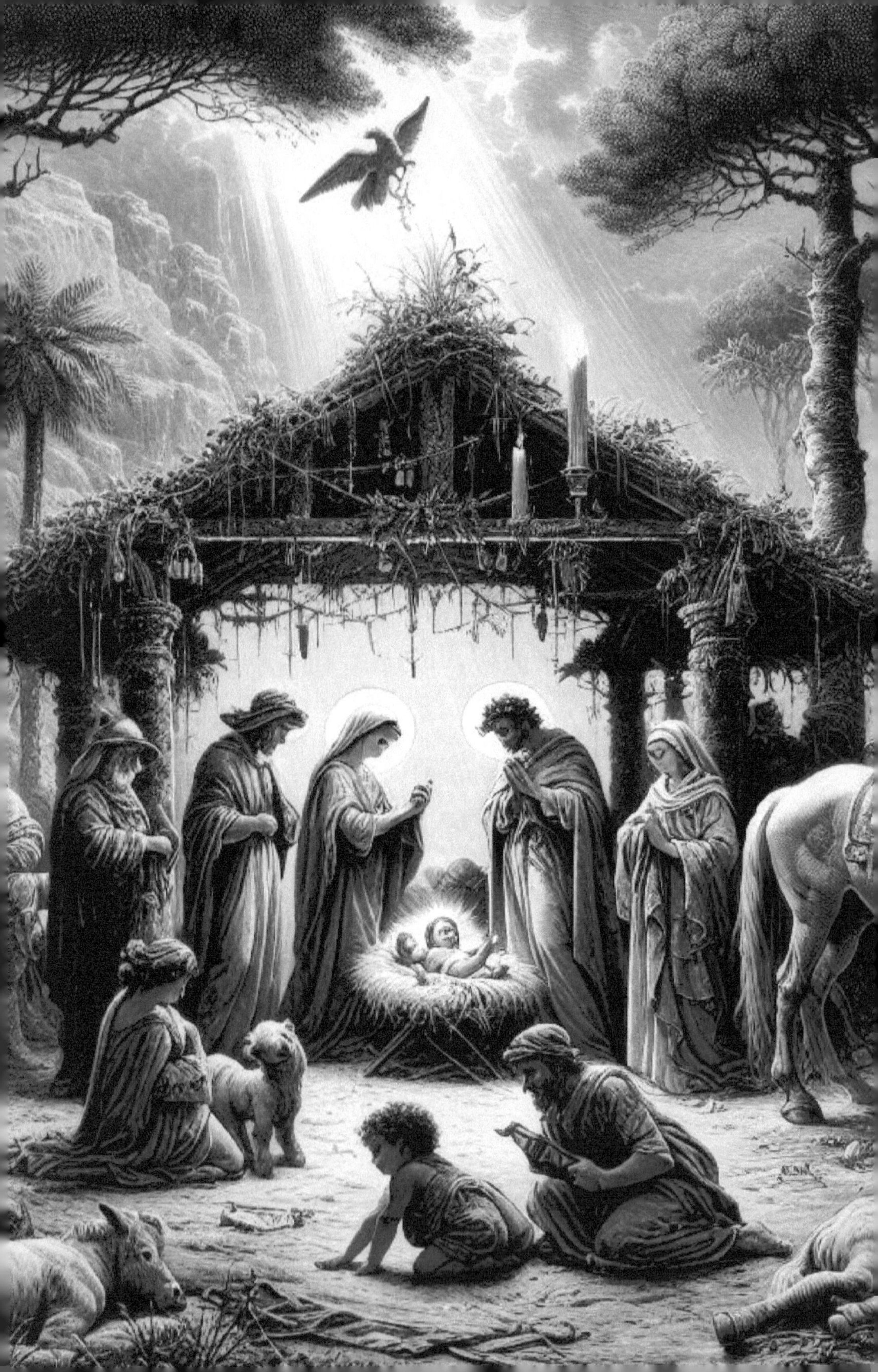

INDICE

LUCA
Ccà po' ce faccio l'osteria... 'a fontanella
cavotta ll'acqua veramente... Metto
l'enteroclisma adderete, he' capito? E chella
l'acqua seenne overamente... Devi vedere
come viene bella... Ce faccio tutt' 'e
scesulelle, 'e ssagliutelle... Te piace 'o
presebbio, è ove'?

NENNILLO
Non mi piace.

(Natale in Casa Cupiello, Atto Primo.
Eduardo De Filippo)

INTRODUZIONE

Dietro la più semplice e banale statuetta in terracotta si nascondono millenni di tradizioni, di simboli, di allegorie. È dal '700 che il presepe costituisce una paradossale commistione tra il sacro ed il profano, tra la religione e la superstizione, tra un messaggio evangelico ed una manifestazione popolare. Fa ridere chi nel presepe vede il baluardo dei più ortodossi valori giudaico-cristiani, ignorando tutti i molteplici riferimenti, alcuni sull'orlo della blasfemia, lontani o discordanti dal rigoroso canone religioso. Il presepe è piuttosto il frutto della stratificazione di civiltà diverse, della promiscuità di culture differenti, del contatto tra religioni contrapposte. Quelle meravigliose composizioni di forme e colori che si parano davanti i nostri occhi nel periodo natalizio sono lo specchio di società in continua evoluzione. È il riflesso del popolo, della gente comune, dei loro bisogni, dei loro vizi, delle loro storie e delle loro vite. Il presepe napoletano settecentesco, la forma più alta e maestosa di arte presepiale, è una macchina del tempo che ci riporta in quell'epoca di profondi mutamenti sociali e culturali, di innovazioni, di scoperte.

Lì ogni elemento è chiamato a recitare una parte, a portare un messaggio. Così l'oggetto principale dell'intera rappresentazione, la nascita di Cristo, si confonde tra una miriade di sottotrame, di storie, di leggende. Il confine tra sogno e realtà, tra fiaba e verità, tra fantasia e storia si fa sempre più sottile. Andiamo dunque ad osservare cosa ogni singolo personaggio, ogni singolo elemento, naturale o artificiale, vuole simboleggiare all'interno del presepe.

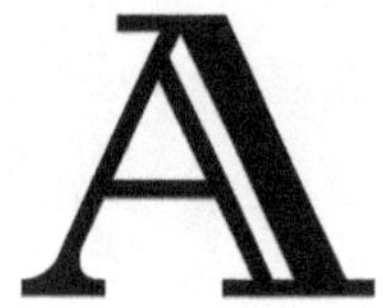

ANGELI

"et ecce angelus Domini stetit juxta illos et claritas Dei circumfulsit illos"

Già nell'etimologia della parola "angelo" risiedono il simbolo ed il significato di questi importanti personaggi del presepe. Nel greco antico e nel latino, infatti, angelus significava, in origine, messaggero. Così come l'Arcangelo Gabriele ha portato a Maria l'annuncio, il messaggio di Dio, del concepimento verginale di suo figlio, così gli angeli nel presepe annunciano ai pastori la nascita di Gesù. " Non abbiate paura, io vi annuncio una gioia immensa, che apparterrà a tutto il popolo. Oggi, nella città di Davide, è nato un salvatore, che è il Cristo Signore. Il segno per voi sarà questo: troverete un bambino che giace in una mangiatoia avvolto in fasce " (Luca 2,10). Nel presepe, specialmente in quello napoletano, gli Angeli dominano la parte superiore della scena.

Nei presepi più belli e monumentali aleggiano in gran numero a spirale, con vesti vaporose ed in tono pastello, portamento solenne e dotati di strumenti musicali ad osannare la nascita di Cristo. Nei nostri presepi possiamo scegliere se posizionarne, con un filo il più sottile ed invisibile possibile, solo due (uno sopra i pastori ad annunciare il lieto evento) ed uno sopra la grotta (a testimoniare ed osannare la nascita di Cristo) oppure tre, a simboleggiare la Gloria del padre (L'angelo con la scritta Gloria in Excelsis), del Figlio (L'angelo con l'incensiere) e dello Spirito Santo (L'angelo con la tromba). A questi tre qualcuno ne aggiunge altri due, uno con i piatti orchestrali l'altro con il tamburo, che rappresentano rispettivamente l'osanna dei Re e l'osanna del popolo.

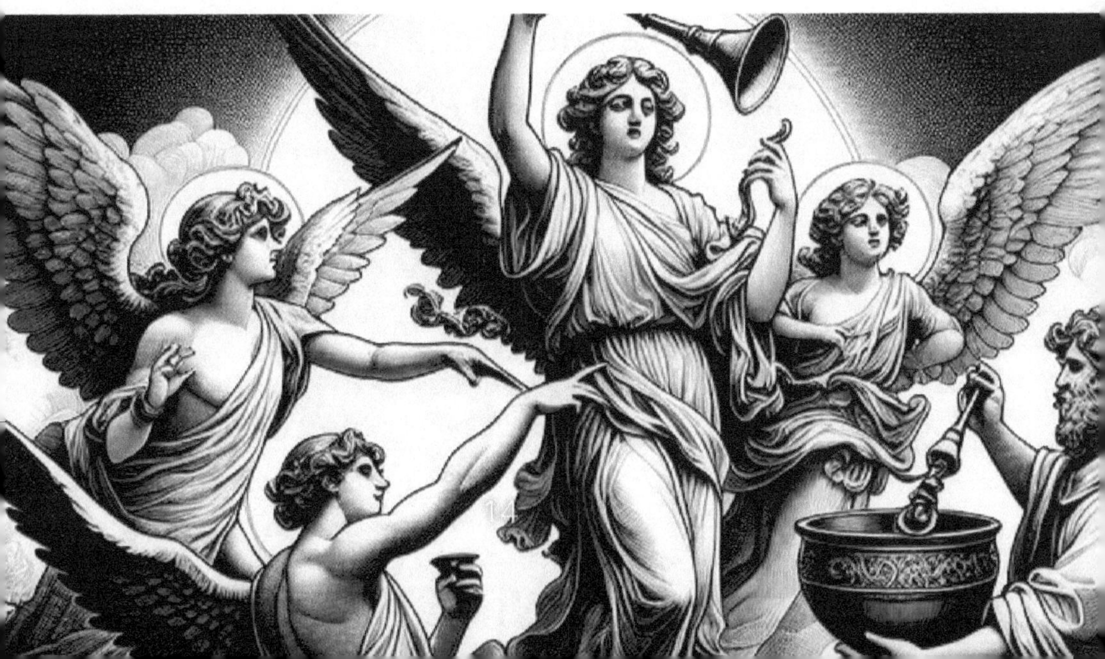

ARMENZIO

È un vecchio pastore, spesso rappresentato con vesti lacere e consunte ed una pecora portata sulle spalle, padre di Benino (personaggio fondamentale che incontreremo più avanti). Tra lui ed il figlio intercorre un rapporto di dualità e alternanza, esaminati insieme infatti rappresentano l'anno che se ne sta andando e quello che sta arrivando, la notte ed il dì, la vita e la morte, l'inferno e il paradiso, le stagioni agrarie dell'autunno/inverno e della primavera/estate. Le rughe, i capelli canuti, le dita nodose di Armenzio raffrontate con il candido e sereno volto del figlio addormentato simboleggiano il trascorrere del tempo, il rapporto tra le diverse stagioni della vita umana, tra le vecchie e le nuove generazioni. Armenzio è spesso accompagnato da 12 pecore, rappresentanti i 12 mesi, che l'anno morente (Armenzio per l'appunto) sta portando via.

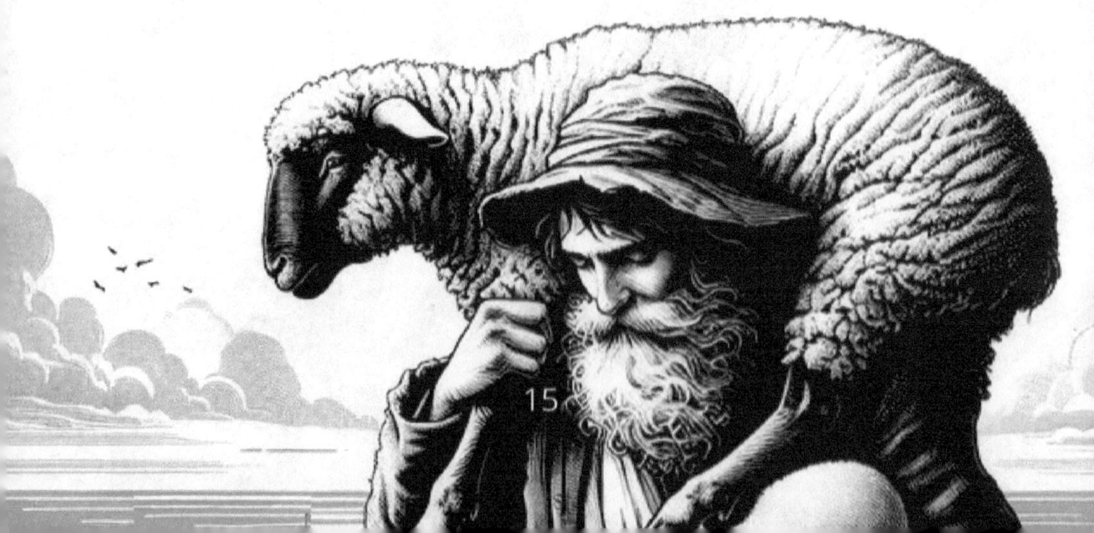

Benino

Se chiedeste a più persone "Chi è il protagonista del presepe", la quasi totalità risponderebbe sicuramente "Il bambinello Gesù". È ovvio che, celebrando il presepe la sua nascita, Gesù occupa un ruolo centrale e preponderante rispetto a tutto il resto, ma, per la tradizione partenopea, il protagonista "letterario" della rappresentazione presepiale è il pastore Benino. Benino, figlio di Armenzio, è presente in quasi tutti i presepi, lo possiamo riconoscere perché è l'unico personaggio raffigurato dormiente. Ma perché sta dormendo? A questa domanda, che molti si pongono osservando la posa del pastore, ognuno ha dato un'interpretazione diversa. In realtà Benino mentre dorme sta sognando proprio il presepe che lo accoglie. E dunque tutte le vie, le grotte, i personaggi, le strutture non sono altro che frutto dei sogni di Benino.

Questo giovine pastore, in una forma quasi di meta-teatro, è al tempo stesso personaggio e narratore della meraviglia del presepe. Sogna la nascita di Gesù nel luogo in cui lui vive e lavora (la Napoli del '700). E se dunque spesso si vedono nella scenografia abiti, strumenti, mestieri e cibi anacronistici rispetto alla Palestina dei primi anni dopo Cristo è proprio perché, grazie a questo abile espediente narrativo, quella scena non è altro che la nascita di Gesù ambientata nel luogo e nel tempo di Benino. Così gli usi, i costumi, la società, la cultura, le innovazioni della Napoli del '700 influenzano la narrazione classica di quel bambino nato in una stalla, adagiato in una mangiatoia e scaldato dal fiato degli animali. Benino, nome storpiato in Benito a seguito del periodo fascista, deve essere posizionato nella parte alta del presepe, con la testa poggiata ad una roccia e protetto dalla chioma di un albero. Da lui bisogna partire per leggere la fiaba celata tra viottoli in pietra, rocce di sughero e case di cartone, fino a condurci alla grotta. Da lui si dirama quella fiumana onirica di pastori, angeli ed animali.

A volte è accompagnato da 7 pecore, simbo-leggianti i sette vizi capitali, dal quale l'uomo può liberarsi soltanto seguendo la strada che porta a Dio. La posa sopita deriva quasi certamente dalle parole del vangelo che narrano di come gli Angeli, mandati a Betlemme ad annunciare l'avvento del Messia, abbiano svegliato i pastori che sorvegliavano i loro greggi. Il suo risveglio, causato dal canto ange-lico, costituisce una rinascita spirituale, l'aper-tura degli occhi al messaggio salvifico di cui gli angeli sono portatori. Utilizzando una chiave di lettura cristiana, Benino non è altro che l'intera umanità che prima della nascita di Cristo stava dormendo e che è stata destata dalla venuta in terra del Redentore.

Attenzione però a non svegliarlo o, inter-rompendo il suo sogno, vedreste il presepe sva-nire davanti i vostri occhi.

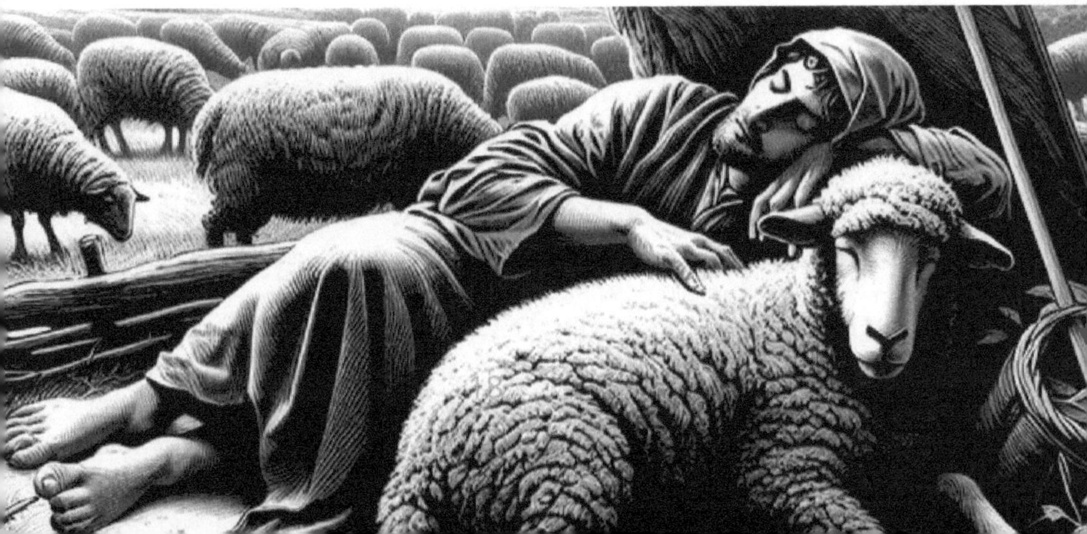

Bue ed Asinello

Il Bue e l'Asino sono due immancabili personaggi da inserire nel presepe, precisamente nella grotta, alle spalle della Sacra Famiglia, affinché col loro fiato possano scaldare il bambino Gesù. Secondo alcune teorie il Bue e l'Asino simboleggerebbero rispettivamente il popolo ebraico e il popolo pagano. Di loro non vi è alcuna traccia nei testi sacri e nelle primordiali raffigurazioni artistiche e religiose della natività, la loro comparsa nelle rappresentazioni artistiche si ha nel medioevo mentre sono presenti in un vangelo apocrifo (scritto in latino tra l'VIII e il X secolo) detto dello pseudo-Matteo. L'evangelista Luca nomina soltanto una mangiatoia ed ecco che con un po' di fantasia possiamo immaginarci due animali che erano un'indispensabile forza-lavoro ai tempi della nascita di Gesù. Queste due specie le troviamo tuttavia presenti insieme in un altro testo sacro, il libro di Isaia nel vecchio testamento, "Ho allevato e fatto crescere figli, ma essi si sono ribellati contro di me. Il bue conosce il suo proprietario e l'asino la greppia del suo padrone, ma Israele non conosce, il mio popolo non comprende".

Il Profeta Isaia sembra dunque spiegarci anticipatamente la presenza di quei due animali accanto Gesù: mentre loro capiscono chi hanno davanti, capiscono chi è il loro padrone, il popolo d'Israele invece lo ignora, gli si ribella.

Entrambi gli animali rivestono ruoli e simboli importanti anche in altre mitologie e religioni. Il bue, simbolo della forza fisica governata dall'intelletto (a differenza del toro), è presente nella bibbia ebraica nella forma di un enorme esemplare primordiale, mentre per alcune religioni africane è questo animale che accompagna i defunti nel loro viaggio verso l'oltretomba. L'asino, simbolo di umiltà, possiamo immaginarlo cavalcato da Maria mentre cerca un riparo con Giuseppe o mentre scappano dalla furia di Erode. Inoltre Gesù, prima della sua passione, farà ingresso a Gerusalemme proprio sul dorso di questo animale, questo è uno dei moniti all'interno del presepe, insieme ad altri che vedremo più in là, che ci ricorda la sorte a cui quel bambino, così fragile e puro, è destinato.

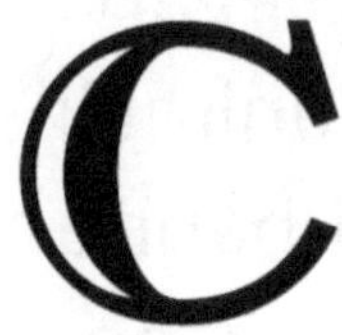

Cacciatore

Uno dei personaggi che desta più sconcerto e perplessità, all'interno dell'armonica scenografia del presepe, è quello del cacciatore. Cosa ci fa un uomo che imbraccia il fucile, pronto ad uccidere un essere del creato, in quella che dovrebbe essere la raffigurazione della pace, dell'amore, della serenità? Effettivamente, se decontestualizzato e se ci si dimentica che nel presepe tutto ha un significato, la presenza del cacciatore ci parrebbe fuori luogo, un ossimoro, un controsenso. Eppure il cacciatore va letto ed interpretato in relazione ad un'altra figura, quella del pescatore. La loro posizione è stabilita da un canone tradizionale dell'arte presepiale: Cacciatore e Pescatore vanno posizionati rispettivamente all'inizio (in cima) e alla fine (sulla riva) di un corso d'acqua. E se l'acqua, come ben sappiamo, è vita (così come il Pescatore che analizzeremo più in là), il cacciatore simboleggia la morte.

Leggendo organicamente la scena, dunque, viene rappresentato il rapporto ciclico ed eterno tra la vita e la morte. Una domanda che potremmo porci è perché il cacciatore, uno dei tanti simboli di morte presenti nel presepe, sta in alto e non in basso, capovolgendo dunque la classica concezione degli inferi. Per rispondere a questo quesito è utile ricordare che il presepe è un viaggio che va intrapreso, una fiaba che va letta, un cammino che va seguito dall'alto verso il basso, da Benino fino alla grotta, dal cielo fino alla terra. Dunque il rapporto inferi-paradiso, morte e vita, cacciatore e pescatore è qui invertito, ed è anche per questo motivo che il castello di Erode sta in alto, ma di questo ne parleremo tra poco. Oltre che questa simbologia che attraversa le filosofie di tutte le epoche, il cacciatore, sempre letto in coppia col pescatore, ne custodisce un'altra. La caccia era un'attività riservata esclusivamente al ceto nobile e ricco, di cui questo personaggio è la rappresentazione, mentre il pescatore, vestito di stracci e con i piedi scalzi, è la raffigurazione del ceto povero, della gente comune, di chi uccide altri esseri viventi non per piacere, ma per necessità.

Spesso il cacciatore è accompagnato da un cane che generalmente, anche all'interno del presepe, simboleggia la fedeltà, ma qui serve soprattutto a rimarcare il ceto e la ricchezza del cacciatore. Nell'iconografia del cacciatore il cane è spesso presente, basta ricordare la fontana di Diana e Atteone nei giardini della Reggia di Caserta. Secondo il mito classico il cacciatore Atteone fu sbranato dai suoi stessi cani, dopo essere stato trasformato in cervo da Diana, come punizione per aver sorpreso la Dea intenta a fare un bagno.

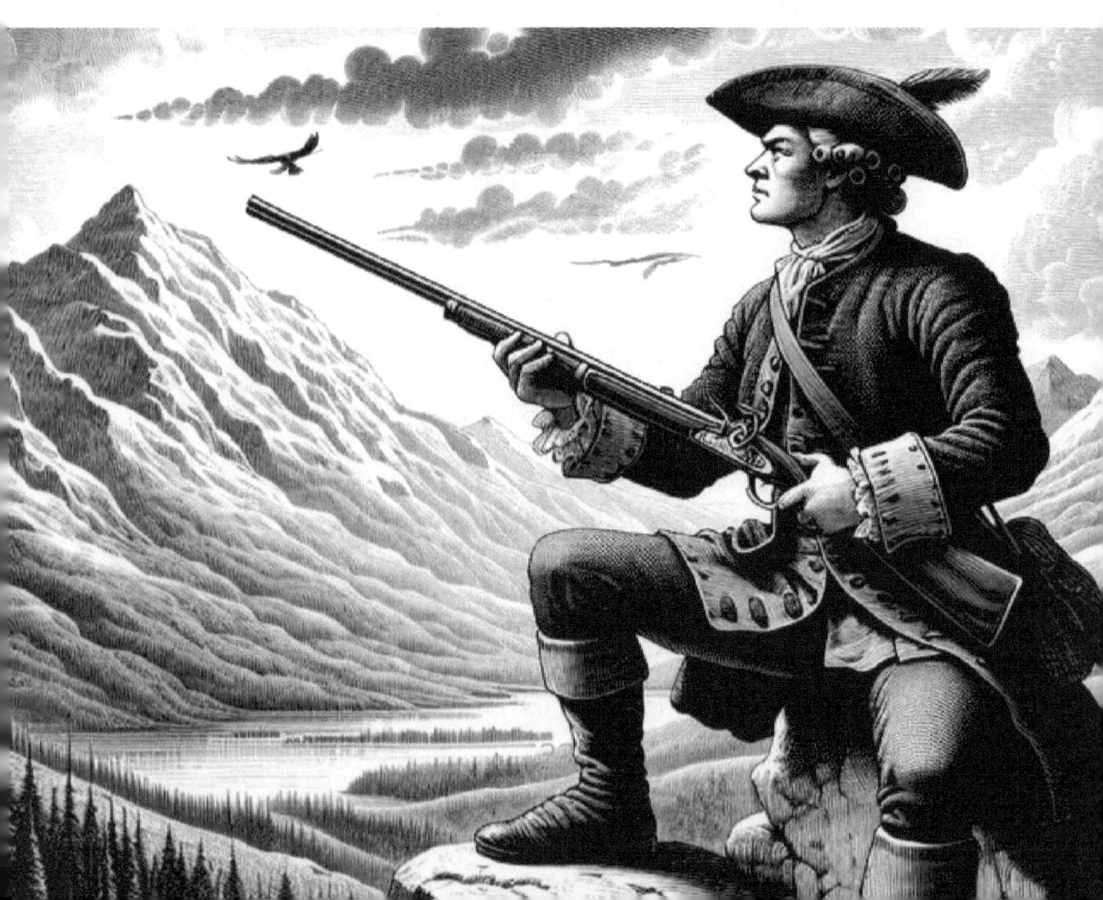

Caganer

Il nome di questo personaggio potrebbe già far intuire l'azione che svolge all'interno del presepe. Questo stravagante pastore potrebbe far storcere il naso a qualcuno ed essere tacciato di blasfemia. Infatti nei presepi della Catalogna oltre agli angeli, alla Madonna, a San Giuseppe ed al Bambinello si può scorgere un pastore con la camicia bianca e la berrettina rossa, il costume tradizionale di quel luogo, che, abbassatosi i pantaloni neri, è intento a defecare. L'origine di questa figura, presente anche in alcuni presepi napoletani, è ignota. Tradizionalmente la sua comparsa sullo scoglio dei presepi è datata nell'epoca barocca. Se l'obiettivo del presepe popolare (a differenza di quello storico, le cui differenze verranno affrontate in seguito) è quello di dipingere perfettamente la realtà e di traslarla nel presepe, qui ci si è spinti ad una forma ulteriore di realismo. Questo atipico pastore, grazie al suo gesto naturale che fertilizza la terra, è portatore di fortuna e prosperità.

Carretto del 4 maggio

  Nei presepi classici napoletani è spesso presente il carretto del 4 maggio, detto anche dello sfratto (ovvero del trasloco). Un carro scoperto di legno che straborda di mobili, tappeti, vasi, suppellettili, arnesi... insomma una casa intera. Nel linguaggio napoletano il "4 maggio" è sinonimo di caos, disordine, confusione; proprio perché questo giorno era destinato ai traslochi. Probabilmente già dai tempi dell'impero romano venne stabilito un unico giorno nel mese di agosto in cui era consentito traslocare, ciò per evitare che ogni giorno vi fosse un via vai di famiglie che, recandosi nelle nuove dimore con tutti i loro beni al seguito, erano causa di subbuglio per le strade della città. Quando le case napoletane, a causa del sovrappopolamento, cominciarono a svilupparsi in verticale, era difficile e faticoso effettuare il trasloco, attraverso ripidi e numerosi gradini, nell'afoso agosto. Forse anche per questo motivo questa regola svanì nel tempo fino al 1587, quando il Vicerè di Napoli fissò la data per i traslochi al primo giorno di maggio.

Tuttavia tale giorno coincideva con la festa di San Filippo e San Giacomo dei quali il popolo napoletano era devoto, per tale motivo ognuno continuò a traslocare nel giorno che preferiva, rifiutandosi di rispettare quell'imposizione. Tale situazione di anarchia continuò fino al primo decennio del 1600 quando un altro Vicerè stabilì la nuova data del 4 maggio. In quel preciso giorno, in cui scadeva una delle tre rate dell'affitto, il vecchio e il nuovo inquilino dovevano darsi il cambio entro le sei del pomeriggio.

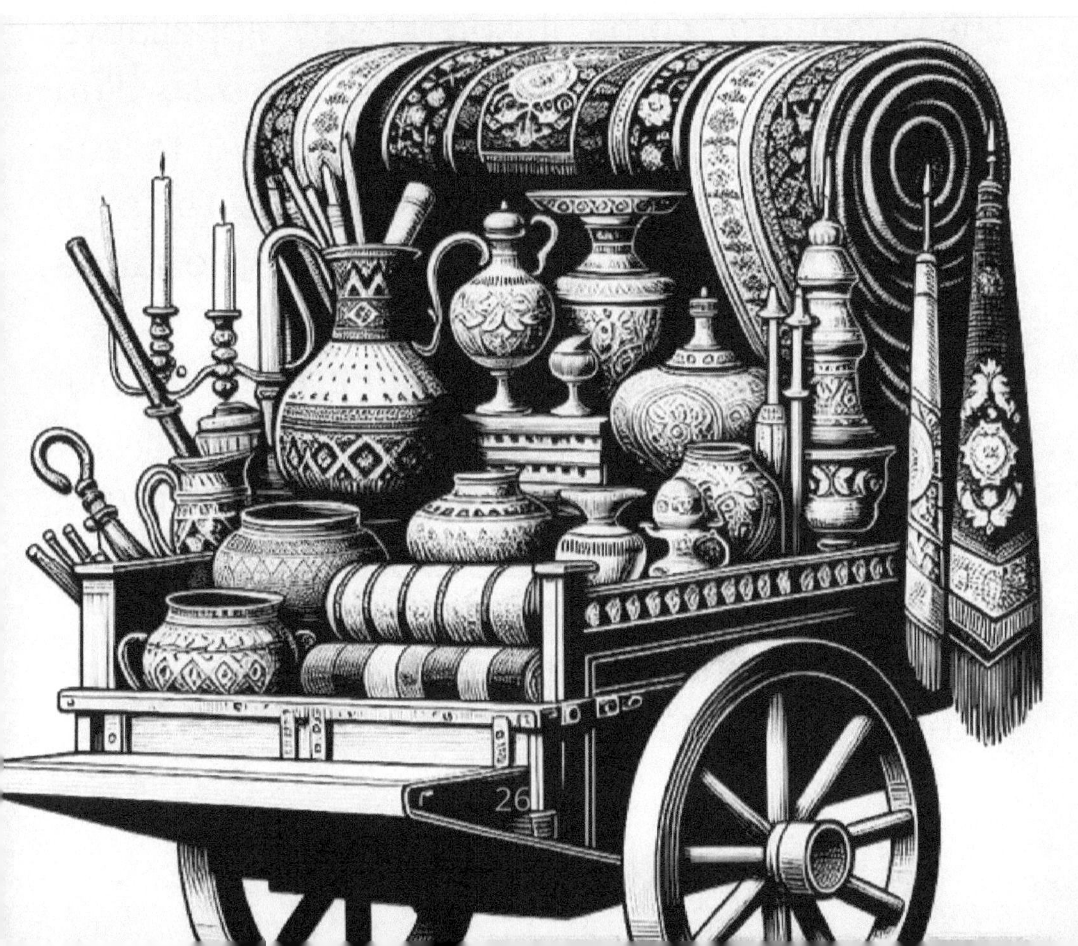

Ciccibacco

Il presepe popolare, e per antonomasia quello napoletano, è un miscuglio denso, una fusione inscindibile, un nodo intricato tra sacro e profano. Dietro ad apparentemente semplici e banali personaggi si nascondono millenni di tradizioni e di culture che hanno contaminato Napoli dal giorno in cui in quella terra venne poggiato il primo mattone. È il caso di Ciccibacco, noto anche come Ciccibacco 'ncoppa 'a vutta, un paffuto e rubicondo personaggio che è seduto, come il suo stesso appellativo partenopeo ci indica, su botti di vino o su d'un carro che le trasporta. Il suo nome e la sua passione per la vermiglia bevanda alcolica rendono facile il collegamento con il Dio latino del vino Bacco (Dioniso per i Greci). Collegamento ancora più facile in alcuni presepi in cui il suo carro è preceduto da un corteo di musici e di pastori vestiti con pelle di capra. Tali elementi sono un topos di Bacco: il Dio, infatti, è spesso rappresentato circondato da Fauni (esseri metà uomini e metà capre), sopra di un carro e attorniato da suonatori.

La musica che accompagna questo ebbro e caratteristico personaggio scandisce un ritmo dionisiaco che affonda le sue radici nella cultura pagana dei baccanali, riti antichi, misteriosi e a tratti osceni che hanno trovato il loro posto, grazie a Ciccibacco, anche nella più santa delle rappresentazioni. Eppure il confine tra sacro e profano non è così netto, quel vino che Ciccibacco tiene in mano in realtà è il sangue di Cristo, elemento fondamentale della cristianità, che ha attraversato i secoli, le culture, le religioni.

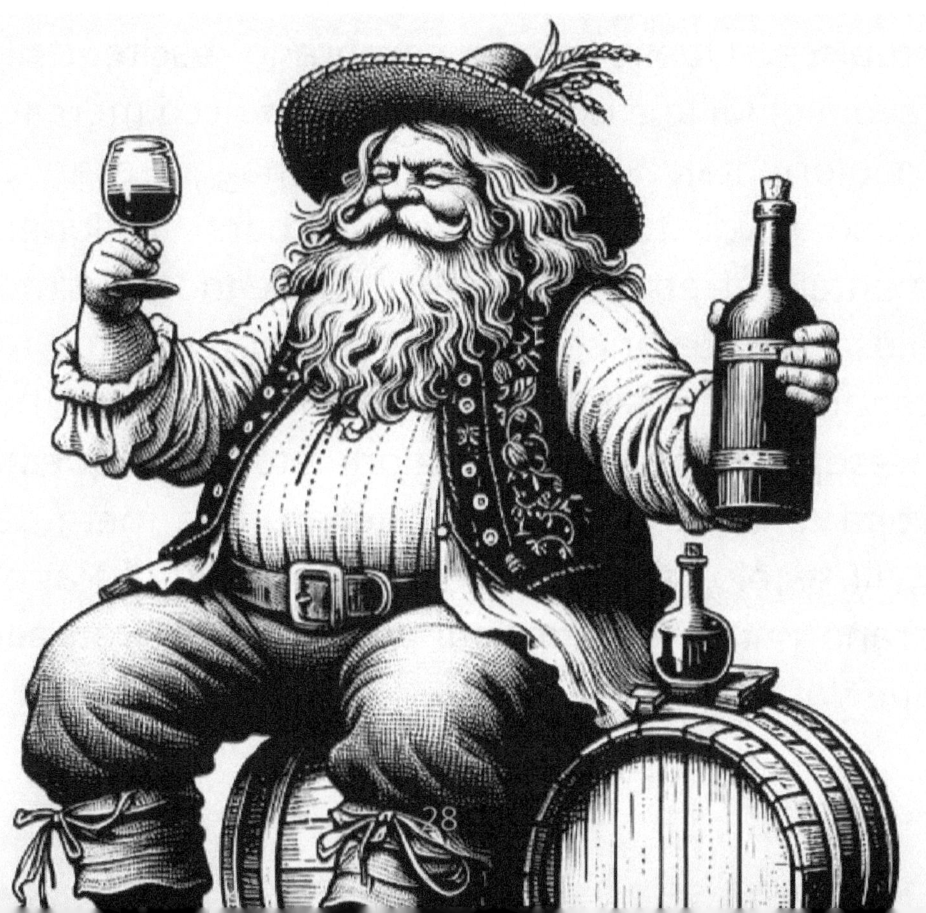

Corteo degli Orientali

Se c'è una cosa che ammalia e rapisce più di tutte, in un presepe napoletano settecentesco, è il corteo orientale, ovvero il corteo che accompagna i Magi lungo il loro cammino. Bestie esotiche come scimmie, cammelli, elefanti e pappagalli. Minuterie straordinarie di bronzo, argento, ebano intarsiato. Vestiti, curati nei minimi particolari, in seta, tessuti damascati, con pietre incastonate. Bellissime principesse dagli abiti arabeggianti, nani giullari, cammellieri. Uno splendore per gli occhi che incanta, affascina e stupisce. Quelle scene sembrano uscite dalle favole di Mille e una notte o da un ricco mercato mediorientale. Tutti quei personaggi vestiti di rosso e di turchese, con turbanti e lunghi mantelli, stretti gli uni agli altri, creano un'armoniosa confusione, un caos proporzionato, un calmo trambusto. Anche la loro presenza nel presepe è dovuta a ragioni storiche, questa volta di carattere politico. Nella prima metà del XVIII secolo, gli affari economici del Re di Napoli erano minati da continui attacchi dei pirati alle sue flotte.

Condizionato da tale spiacevole situazione, il Re cercò di rivitalizzare le sue attività commerciali stipulando un accordo bilaterale con il Sultano. Per sancire e rafforzare questo patto, il Sultano inviò a Napoli un'ambasceria. Questo avvenimento destò la curiosità e l'interesse di tutto il popolo che accorse in massa a vedere quegli uomini e quelle donne così diversi da loro e la cui immagine rimase nella loro memoria e venne resa immortale scolpendola nel presepe. La sfilata dei turchi, dei tripolini, dei giannizzeri e dei georgiani è accompagnata dalle note di musici orientali. Particolari e bizzarri sono anche gli strumenti musicali retti da questi uomini col turbante, come il cevegen (costituito da piatti di metallo di diversa misura, posizionati al centro di un'asta e circondati da campanellini) o il serpentone (strumento a fiato che deve il nome alla sua forma serpentina). La banda è guidata dal Metherbasi, che impugna un bastone di comando decorato da orpelli. Lo sgargiante e dettagliato corteo orientale mischia elementi del mondo ottomano ad elementi di fantasia, sintomo di un fascino per l'ignoto, per l'esotico, per culture e civiltà diverse.

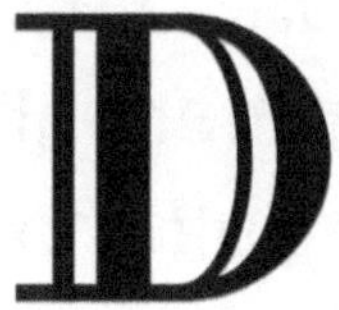

Donna con Bambino

La Donna con il bambino in braccia, da non confondere con la zingara con il bambino, ha una storia che, secondo la leggenda, si intreccia con quella della nascita di Gesù. Il suo nome è Stefania e la tradizione popolare narra che avendo appreso della nascita di Cristo volle recarsi alla grotta per rendergli omaggio. Giunta quasi al cospetto della Sacra Famiglia, gli angeli le sbarrarono il cammino e le impedirono di proseguire. Secondo un precetto ebraico era vietato alle vergini avvicinarsi a chi stava per partorire o a chi aveva partorito da poco. Vani furono gli svariati tentativi fatti da Stefania, desiderosa di rendere gloria al Redentore, gli angeli la respingevano ogni volta. Così fasciò una pietra e se la portò al petto, fingendo di stringere un neonato.

Questo espediente le permise di raggiungere il suo scopo. Gli angeli accortisi dell'inganno non si adirarono, bensì riconobbero alla donna la tempra e la determinazione della sua fede. Quello che prima era solo un sasso starnutì, era diventato un vero bambino. Il 26 gennaio nacque così Santo Stefano, il primo martire cristiano.

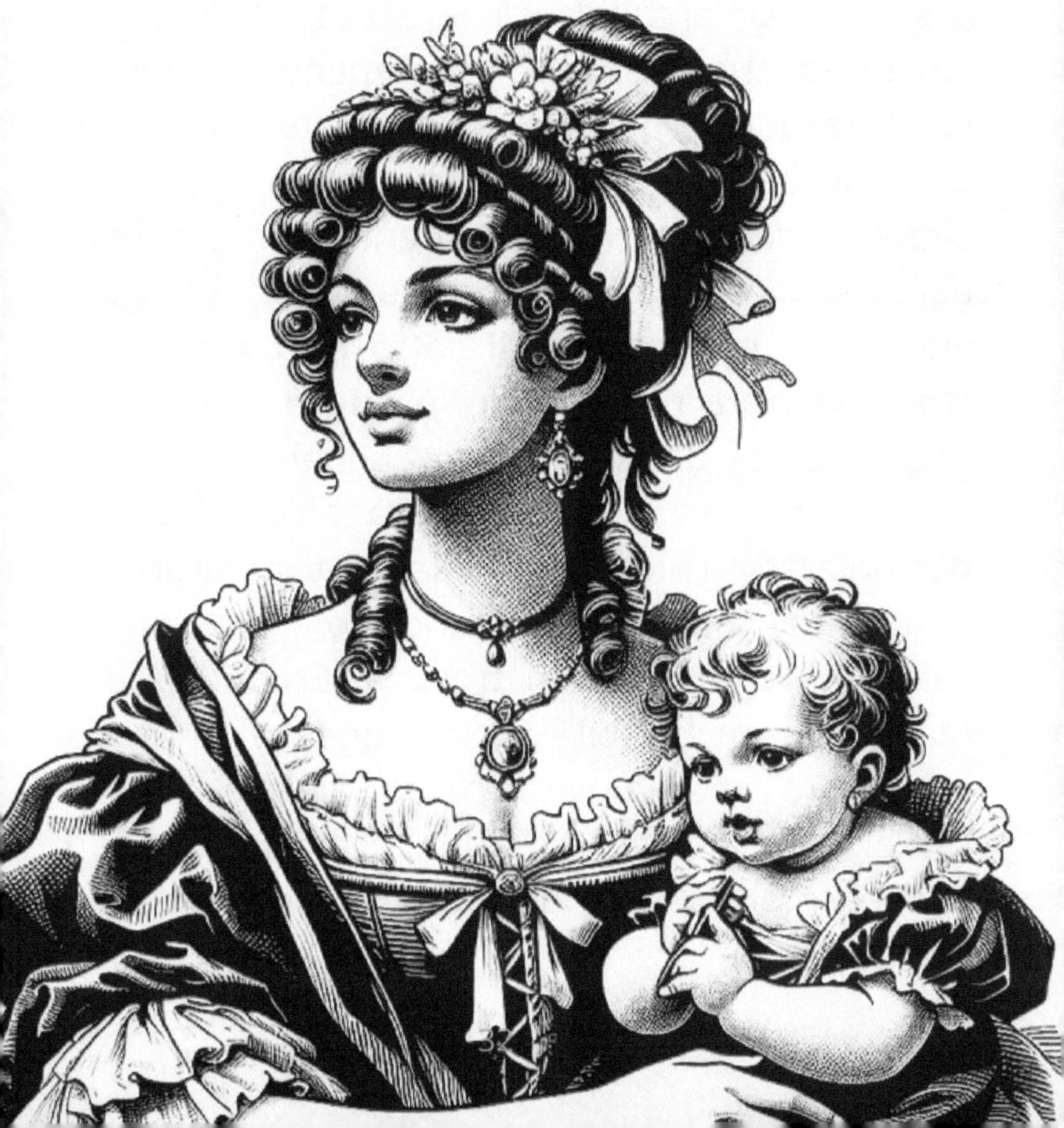

ERODE

Come già detto, il castello di Erode, allocato su una rocca, domina la scena del piano alto del presepe. Un'architettura austera, ciclopica e squadrata che trasmette i sentimenti, negativi, di cui il despota è portatore. La struttura ricalca le peculiarità delle fortezze medievali con torri, cancelli, merli e feritoie. Elementi aspri e militari, dai toni ruvidi e cupi, che cozzano con il paesaggio che si espande al di sotto del castello. La storia, narrata nel vangelo, è quella che portò i Magi in cerca del Re d'Israele dinnanzi ad Erode. Il Tiranno, per il timore paranoico di essere detronizzato, chiese ai tre sapienti di ritornare, una volta rintracciato il fanciullo, per comunicargli il luogo in cui si trovava. Erode disse ai Magi che anche lui voleva rendere onore al nuovo Re, ma la vera causa di tale interessamento, malefica e oscura, era la volontà di eliminare alla radice ogni potenziale pericolo al suo dominio.

I tre magi, avvertiti dagli angeli delle perfide intenzioni del Re, fecero ritorno a casa seguendo una strada diversa da quella che li aveva condotti a Betlemme, senza imbattersi in Erode. Il sovrano, accecato dalla paura e dalla superbia, consultando le profezie sul luogo dove doveva nascere questo Re, ordinò ai suoi soldati di uccidere tutti i bambini sotto i due anni. Giuseppe, avvertito anch'egli in sogno dagli angeli, riuscì a portare in salvo Maria e suo figlio fuggendo in Egitto. Questo episodio, di cui non vi è alcuna traccia storica, è noto come la strage degli innocenti. La presenza di queste scene nel presepe costituisce, ancora oggi, un monito contro gli arbitri iniqui, autocratici e prevaricatori del potere.

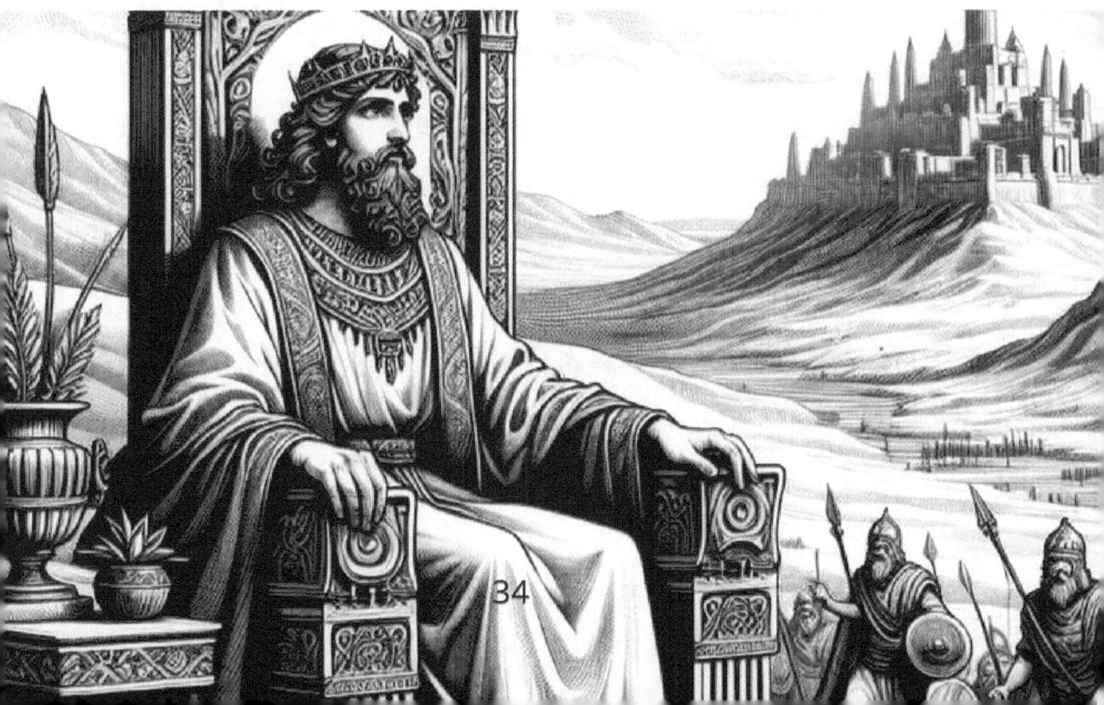

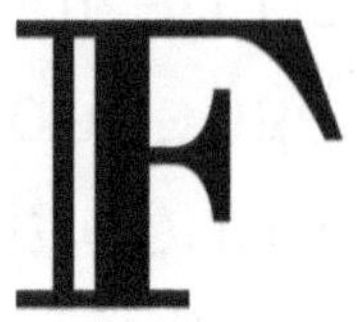

FILATRICI

Se abbiamo visto che la figura di Ciccibacco è la trasposizione del Dio greco del vino Dioniso, anche le donne che filano derivano dalla mitologia classica. Le donne all'arcolaio, che tendono il filo e che reggono il fuso non sono altro che le Parche latine, le divinità che governavano il destino, le sorti e la vita degli uomini. Queste divinità erano le Moire per i greci e infatti, "moira" nell'idioma ellenico significa "destino". La vita degli uomini era letteralmente un filo nelle mani di queste potenti divinità, così potenti che nessuno, nemmeno Zeus/Giove, poteva avere un'influenza sul loro operato. Le parche, così come dovrebbero essere le filatrici nel presepe, erano tre. La prima, la più giovane Cloto (Io filo) iniziava a lavorare il filato della vita e dunque determinava la nascita degli uomini. La seconda, Lachesi (ricevo dalla sorte) stendeva il filo, definendo dunque la durata, il tenore e l'evoluzione della vita.

la terza, la più anziana Atropo (ineluttabile) tagliava il filo, causando così la fine dell'esistenza terrena. Ancora una volta il rapporto tra la vita e la morte fa velatamente capolino nel presepe.

FIUME

Panta rei, tutto scorre, diceva il filosofo Eraclito e abbiamo visto, analizzando il rapporto tra il cacciatore e il pescatore, come il fiume sia lo spartito su cui si compone l'eterno ciclo della vita. Se, invece che guardarlo dalla foce alla fonte, lo osservassimo da sponda a sponda, otterremmo un'ulteriore interpretazione. I fiumi costituiscono un limite, una cesura, un confine sia per la geografia politica che per la simbologia e per la mitologia. Basti pensare, attingendo ancora ai miti classici, ai fiumi che separavano i vivi dall'oltretomba come lo Stige, nel quale immersero Achille per renderlo invulnerabile, o l'Acheronte, attraversato da Dante sulla barca di Caronte, oppure il Lete, il fiume della dimenticanza dove si abbeveravano le anime. Dunque il fiume può essere letto sia come un margine dal quale prudentemente stare lontano, ma anche come un simbolo di passaggio, di reincarnazione, di rinascita.

FONTANA

La fontana, uno dei tanti elementi collegati all'acqua, è il simbolo della purezza, dell'innocenza, della gioventù. Infatti, se Da Vinci ritrae l'annunciazione all'esterno della casa di Maria, alcuni vangeli apocrifi fanno consegnare il messaggio dell'Arcangelo Gabriele a Maria nei pressi di una fontana. L'acqua limpida della fontana è quindi l'allegoria della verginità della Madonna.

FUOCO

Il fuoco è un qualcosa di sacro per molte religioni e mitologie. Più volte questo elemento padroneggia la scena nel vecchio testamento, come quando Dio, tramite il roveto ardente, ordina a Mosè di condurre il suo popolo fuori dalla schiavitù degli egizi. Il fuoco può essere, tuttavia, collegato al male, è immediata l'associazione delle fiamme al diavolo ed all'inferno. Anche un piccolo dettaglio, nel presepe, può contenere significati opposti e contrastanti, più complessi e profondi di quanto si possa immaginare.

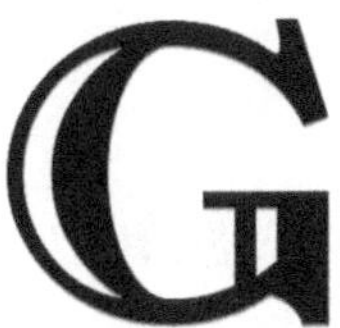

Georgiana

Nel corteo orientale che accompagna i Magi lungo il loro cammino, tra mille dettagli, particolari e minuzie risalta una figura in particolare: la Georgiana. Questa donna, frequentemente collocata su d'una portantina sorretta da quattro mori, è raffigurata in alcuni presepi settecenteschi con la pelle scura e in altri con la pelle chiara. La sua bellezza, che la fa emergere in quel turbinio di forme e di colori, è accompagnata e risaltata da lunghe vesti di abile fattura e preziosi tessuti. Questo personaggio è stato ribattezzato dai napoletani la "Re Magia", ed ecco che ai canonici tre sapienti se ne aggiunge una quarta.

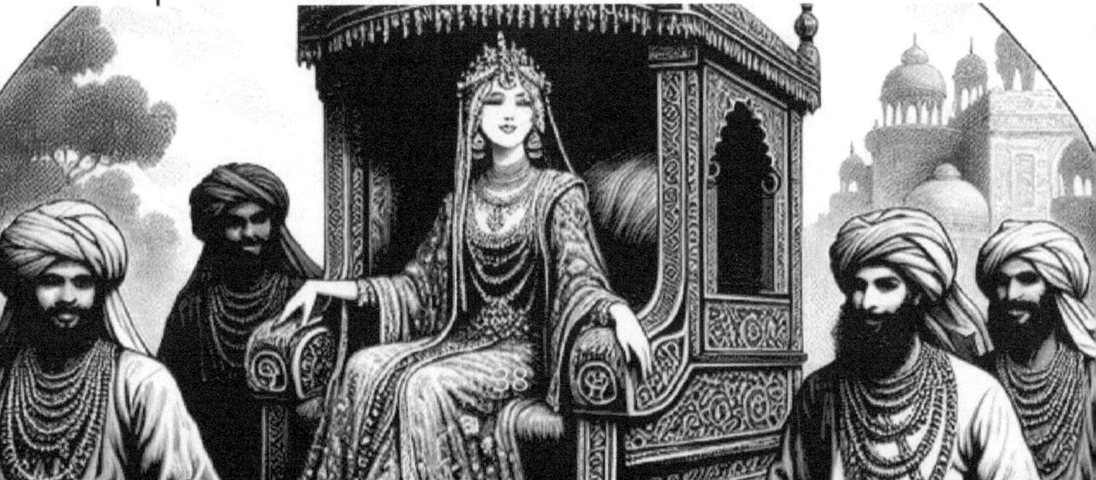

Grotta

 Grotta o stalla: questo è il dilemma. I vangeli canonici non ci vengono in soccorso per dare una risposta a questa domanda, l'evangelista Luca parla solamente di una mangiatoia, mentre il vangelo apocrifo dello pseudo-Matteo fa nascere Gesù all'interno di una stalla.

Nonostante non ci sia una soluzione univoca, la grotta, per le sue pareti rocciose e ricoperte di muschio, per le sue forme contorte e naturali, per la sua atmosfera mistica e ancestrale, è il posto più suggestivo in cui collocare l'evento cruciale dell'intero presepe: la nascita del Bambinello. La grotta o la stalla deve essere collocata, magari accanto ad altre piccole cavità naturali in cui inserire pecore e pastori, al centro del piano inferiore del presepe. Questo punto è la destinazione del viaggio che si compie dall'alto verso il basso, è il finale della fiaba onirica di Benino. La simbologia della grotta è ambivalente: è un luogo oscuro, tenebroso e porta di accesso degli inferi, ma è anche il primo riparo degli uomini, un luogo di meditazione, anacoretismo e di stretta connessione con le viscere della terra.

Maria, che diede alla luce suo figlio nella grotta perché non trovò un alloggio, simboleggia l'uomo che, nei momenti di crisi e smarrimento, può sempre cercare riparo in Dio. Circondata da ricchi ed opulenti palazzi, la misera grotta costituisce l'autentico e profondo significato della povertà come mezzo che conduce al cielo, della ricerca dell'essenziale, della preponderanza dell'essere sull'apparire. Al centro della grotta, pronta ad accogliere la statuina del bambinello, che verrà posizionato lì alla mezzanotte del 24 dicembre, c'è la mangiatoia. Quella greppia di legno che generalmente contiene il fieno per gli animali e che adesso ospita Cristo richiama l'eucarestia, "Questo è il mio corpo dato in sacrificio per voi, prendete e mangiatene tutti". Il Verbo, fatto carne, pronto a sacrificarsi per la salvezza di tutto il suo popolo.

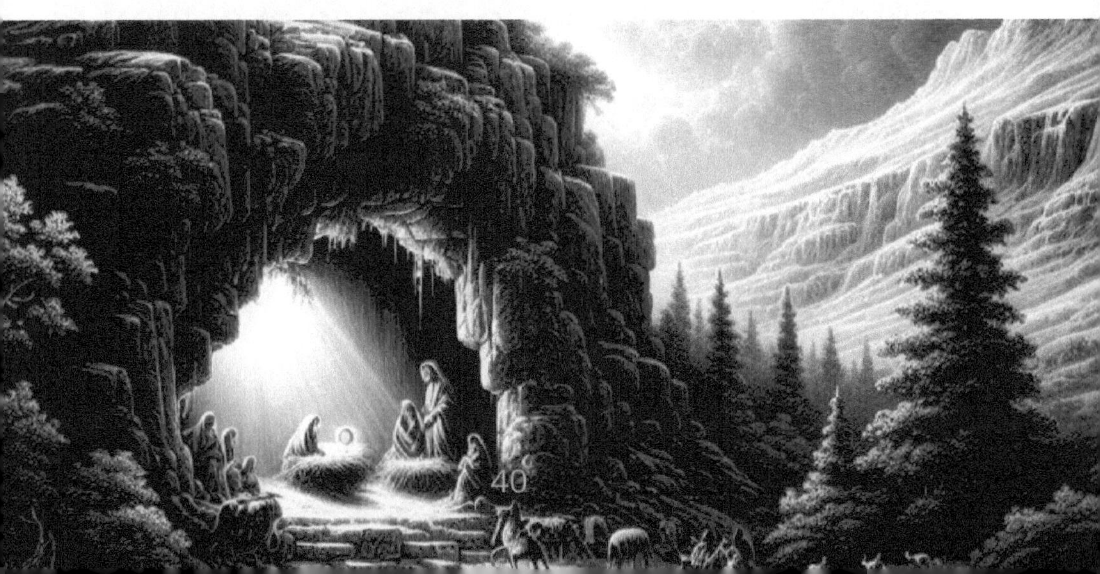

II

Incenso, oro e mirra

Tutti noi sappiamo che l'incenso, l'oro e la mirra sono i tre doni portati al bambino Gesù da Gaspare, Melchiorre e Baldassarre; ciò che è meno noto è il significato celato al loro interno. L'incenso, una resina usata fin dall'antichità nelle cerimonie spirituali e religiose, racchiude dentro sé tre elementi diversi: il fuoco, principio purificatore; il fumo, che si eleva al cielo come l'anima dovrebbe fare; il profumo, che inebria la mente e permette il distacco dal mondo mate-riale. L'uso dell'incenso, specialmente nella tradizione ebraica, era riservato ai sacerdoti durante riti specifici, il suo impiego al di fuori di quanto consentito era visto come un atto di idolatria. Il dono di Gaspare è dunque il simbolo del riconoscimento del carattere divino di Gesù.

L'oro, senza limiti culturali o temporali, è universalmente riconosciuto come il simbolo della perfezione, della purezza e della ricchezza. L'oro è il metallo dei Re ed è proprio questo che Melchiorre vuole simboleggiare consegnando il suo dono. L'oro nelle mani di un uomo crea l'immagine dell'avarizia e dell'attaccamento ai beni terreni, ma questo stesso materiale al cospetto del Re dei re è il segno della sacralità e della ricchezza spirituale.

La mirra custodisce un significato di luci e di ombre. Era un unguento sacro utilizzato per ungere i sacerdoti, "Cristo" etimologicamente significa "unto", ma veniva anche adoperato, sin dai tempi degli egizi, come sostanza per imbalsamare i defunti. Le donne che trovarono il sepolcro vuoto si erano recate lì proprio per ungere il corpo di Gesù con la mirra. Ecco dunque che il dono di Baldassarre simboleggia la morte e la resurrezione di Cristo. Di nuovo, all'interno della scena che raffigura e celebra la nascita di Gesù, trovano spazio elementi che anticipano quello a cui quel bambino è destinato.

Lavandaie

Le lavandaie, spesso sottovalutate, sono dei personaggi fondamentali e irrinunciabili all'interno del presepe. Collocate nei pressi del fiume, non troppo lontane dalla grotta, sono le levatrici che assistettero Maria durante il parto, aiutandola a far emergere dall'oscurità del grembo Cristo, portandolo alla luce del mondo. Sono dunque le testimoni della nascita terrestre di Gesù. Se nell'Italia meridionale c'era l'usanza, scientificamente errata, di appendere le lenzuola macchiate di sangue dopo la prima notte di nozze (per mostrare a tutti che la donna era arrivata illibata al matrimonio e che soltanto in quella notte aveva perso la verginità), i panni che queste figure lavano invece devono necessariamente essere bianchi, candidi, immacolati. Il colore dei cenci testimonia il parto virginale della Madonna, il suo essere nata priva del peccato originario.

Una leggenda narra che una di loro, dubitando di quanto aveva visto, toccò Maria. Questo gesto le causò una bruciatura sulla mano che guarì solamente quando sfiorò il bambino appena nato. Il lavoro delle lavandaie può simboleggiare anche il "lavaggio", la purificazione, dell'elemento terreno. Gesù infatti, pur essendosi fatto carne, non appartiene a questo mondo. Essendo collocate, come detto, nei pressi del fiume si aggiungono alla coppia del pescatore e del cacciatore. La loro presenza lì, accanto alla vita ed alla morte, simboleggia la presenza di una nuova vita oltre questo mondo, di una risurrezione delle anime, di una salvezza eterna. Evidente è il loro rapporto con l'acqua, ove immergono il contenuto delle loro ceste. L'acqua qui si riappropria del suo simbolismo purificatore. Così come il battesimo, tramite l'immersione nell'acqua benedetta, ci libera dal peccato e ci rigenera come figli di Dio, così i panni immersi nel fiume vengono purificati, depurati da ogni traccia terrena. Una volta il detergente utilizzato per lavare i panni era la cenere, questo elemento, derivante dallo spegnersi del fuoco, è da sempre stato un'allegoria della morte.

"Memento, homo, quia pulvis es, et in pulverem reverteris / Ricorda, uomo, che polveri eri e polvere ritornerai" è l'espressione utilizzata dal sacerdote, il mercoledì delle ceneri, mentre cosparge il capo dei fedeli con un pizzico di cenere. I panni del parto, lavati con il simbolo della morte, ci ricordano la presenza di Cristo sulla terra, il suo farsi uomo, il suo nascere tra gli uomini e morire tra di loro; tuttavia la sua natura resta divina, il suo posto rimane alla "destra del Padre". Un'altra leggenda narra che, per accertarsi della nascita di Dio, il diavolo si travestì da lavandaia, soltanto uno zoccolo uscito dalla veste tradì il suo camuffamento dimostrando la sua vera natura. Perciò prima di posizionare le statuine delle lavandaie dentro al vostro presepe assicuratevi che nessuna di loro abbia uno zoccolo al posto del piede!

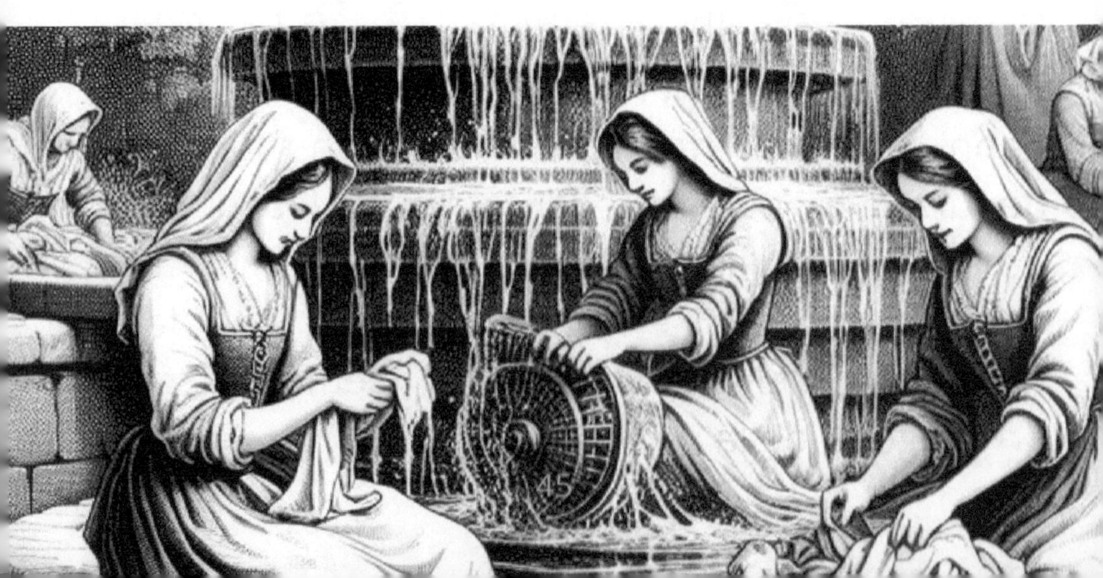

M

Macellaio

Il macellaio, sovrapponibile con la figura del barbiere, costituisce una presenza malefica all'interno del presepe. Indossa un grembiule sporco di sangue (così come sporco è quello del barbiere che nel passato faceva salassi con le sanguisughe) segno di morte. Le chiazze di sangue sui suoi indumenti di lavoro simboleggiano il sangue versato dagli innocenti, dai martiri o dallo stesso Cristo durante la sua passione. La statuetta del diavolo, che un tempo veniva posizionata in alto sopra le montagne, è stata sostituita da queste figure che, anche se in modo nettamente più celato, sono portatrici di un'aurea demoniaca all'interno della scena presepiale.

Maria 'a purpetta

 All'interno dell'osteria un personaggio bizzarro e allo stesso tempo raro da rinvenire è Maria 'a purpetta. Questa donna, con i capelli bianchi che cadono sul suo viso rugoso, nasconde, dietro la sua apparente innocenza indotta dalla sua età, un oscuro significato. Questa anziana signora, infatti, è dedita a preparare polpette avvelenate da mettere nel piatto dei mariti infedeli. Le polpette, ricetta tipica napoletana, si realizzano unendo noci e pinoli alla carne macinata. Anche qui ritorna il rapporto tra la vita e la morte, mentre, infatti, la carne è un cibo dei vivi, la frutta secca, come le noci ed i pinoli, sono un cibo offerto ai morti. La noce, tra l'altro, è simbolo di amore misto a gelosia che ci riporta al tema dell'infedeltà. Un mito greco racconta di come Dioniso, invaghitosi di una fanciulla, avesse causato nelle sorelle di questa una profonda gelosia. Il Dio adirato per questo sentimento le trasformò in delle rocce, ma la fanciulla sentendosi responsabile per la sorte delle sorelle morì dal dolore.

Così Dioniso, piangendo la scomparsa della sua amata, la rese immortale in un albero di noce, divenendo da allora simbolo della gelosia. Sempre tornando nell'epoca classica, i pinoli erano l'allegoria del fertile seme maschile e della potenza afrodisiaca. Le polpette, poi, non possono non farci pensare alla quaresima ed al carnevale, ma di questo argomento avremo modo di parlarne quando incontreremo altri due personaggi che, accanto Maria 'a purpetta, popolano l'osteria.

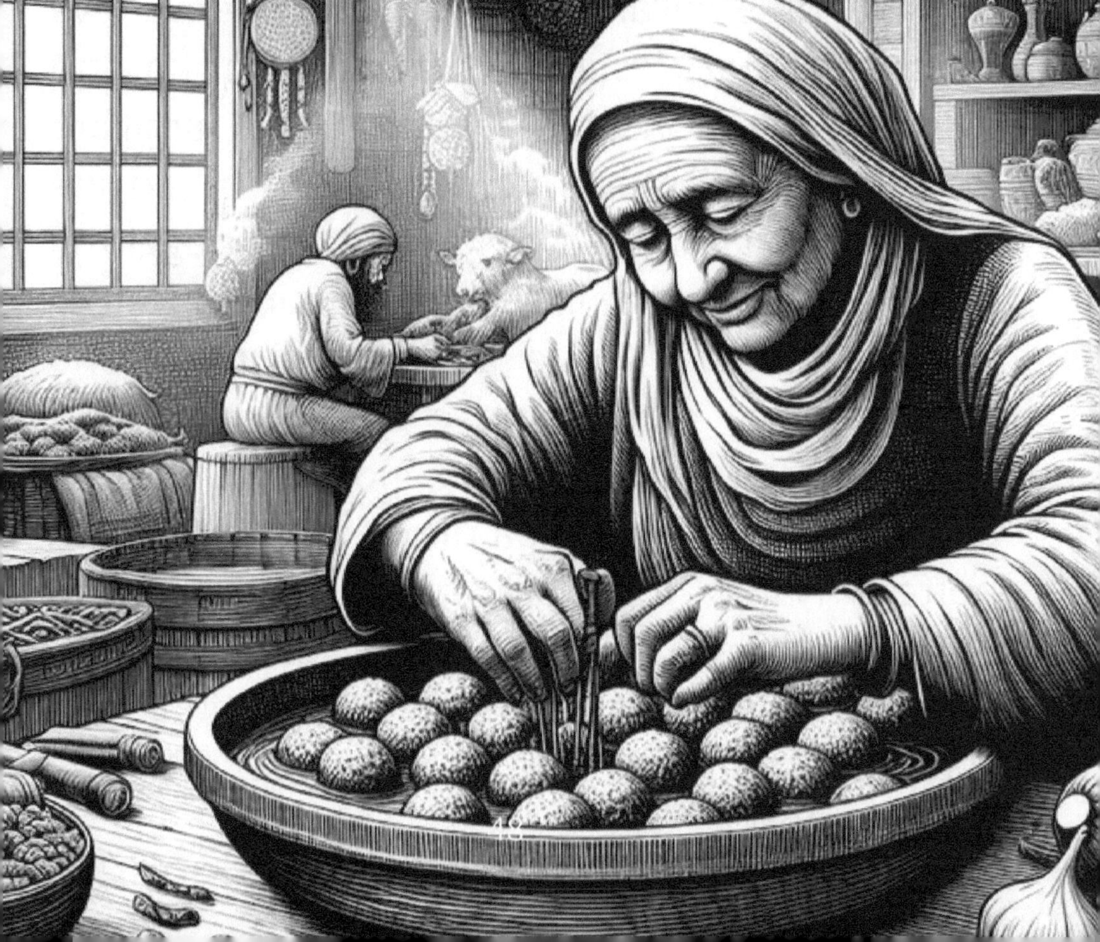

Monaca

La storia di cui parleremo adesso, nonostante abbia come protagonista una monaca, è una storia d'amore più che di fede. Il personaggio della Monaca, anche se presente poche volte, dà spazio nel presepe ad una leggenda napoletana, che come tante leggende non si sa se tragga il suo fondamento nella realtà oppure nella fantasia. Mafalda, una giovane appartenente ad una famiglia di spicco della nobiltà napoletana, era stata ordinata monaca contro la sua volontà, in virtù di quell'antica tradizione che vedeva nella carriera ecclesiastica o militare per i propri figli il modo di conservare il patrimonio familiare in capo al primogenito. Tuttavia la giovine nutriva un passionale amore per un paggio al servizio della sua famiglia che neppure la tonaca riuscì a placare. I due amanti s'incontravano ogni notte su d'un ponte e così coltivarono il loro amore giorno dopo giorno. Qualcuno avvisò il padre di Mafalda di questi incontri e, la notte di Natale, lui si presentò sul ponte prima dell'arrivo della figlia. Preso dalla rabbia, sentitosi toccato nell'onore, il nobile sguainò la spada, uccise il giovane paggio e gli recise la testa dal corpo.

Mafalda, trovando il corpo esanime del suo innamorato, stringendo la testa decapitata tra le sue braccia, si tolse la vita pugnalandosi al petto. Ed ecco che questa tragica storia d'amore, che sembra uscita da un romanzo, è ricordata nel presepe dalla statuina di quella monaca con un pugnale conficcato nel petto mentre regge una sacca con dentro la testa di un giovane.

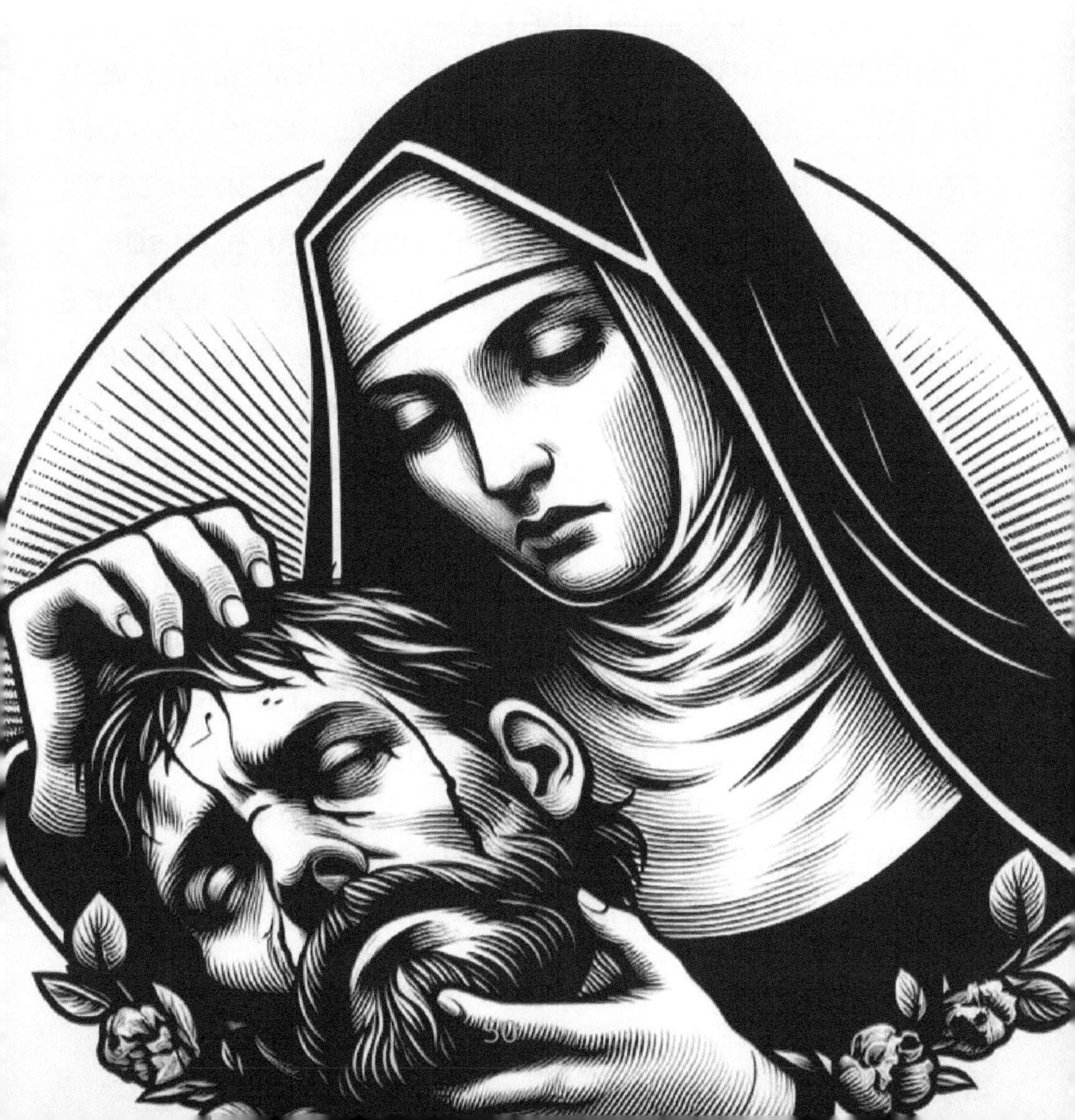

Monaco

Se abbiamo assorbito il senso del presepe napoletano, capendo che l'ambientazione non è la Betlemme di Gesù bensì la Napoli di Benino, gli elementi più temporalmente dissonanti ci sembreranno ben integrati nell'atmosfera del presepe. Così anche la monaca, di cui abbiamo appena parlato, ed il monaco, che stiamo per analizzare, non ci creeranno perplessità se visti accanto alla grotta dove Gesù deve ancora nascere. Il monaco, 'o munaciello in napoletano, è un personaggio di numerose storie, fiabe e commedie partenopee. Nel presepe è l'unione plastica del sacro e del profano. Questo essere sovrannaturale, così come il destino, sarebbe portatore di buona o di cattiva sorte, può guidare alla ricchezza o far cadere in miseria, a seconda della simpatia che prova nei confronti di una persona. Questo spiritello, dispettoso e dall'umore volubile come un folletto, può condurre alla pazzia una persona saturandolo con i suoi dispetti oppure dettare i numeri vincenti del lotto (purché poi non si riveli l'origine della combinazione fortunata).

Secondo la leggenda popolare 'o monaciello "infesterebbe" molte dimore della città e avrebbe un legame particolare con i pozzi, di cui sarebbe il principale avvelenatore. Molto probabilmente la sua storia di fantasia e credenze si lega a quella reale dei "pozzari", i lavoratori addetti alla gestione dei pozzi e dei sistemi idrici sotterranei. In molte case napoletane, infatti, era possibile attingere a cisterne di epoca romana posizionate nel sottosuolo. Per i pozzari non era dunque così complicato introdursi nelle dimore altrui per commettere furti ed irretire qualche donna. Oltre al destino (per il quale il monaco, o meglio i pozzari, può portare o, il più delle volte, togliere ricchezza) questo soggetto è anche legato ad un elemento che, addosso ad un personaggio con la tunica, rende bene l'idea della commistione tra sacro e profano: l'erotismo. Infatti il monaco è anche associato alla divinità greca di Priapo, simbolo della potenza sessuale. Così come Priapo, si dice che il monaco fosse, per dirla con le parole di De Andrè nella sua canzone "un giudice", fornito "della virtù meno apparente, fra tutte le virtù la più indecente".

Il monaco può essere inserito nel presepe insieme a dodici confratelli mentre attraversa il ponte simboleggiando, così come le dodici pecore di Armenzio, i mesi dell'anno che sta andando via. Un'altra tipica rappresentazione lo inserisce grasso e avvinazzato all'interno dell'osteria mentre è intento a mangiare una pagnotta e bere vino, questa scena, più che simboleggiare l'eucarestia, è una caricatura del periodo di dissolutezza e corruzione che stava attraversando la Chiesa. Secondo la giornalista ottocentesca Matilde Serrao, autrice del libro "Leggende Napoletane", il monaciello sarebbe realmente esistito. Quella che stiamo per raccontare è una storia che ha molti tratti in comune con quella, precedentemente narrata della povera Mafalda. I protagonisti di questa vicenda sono, ancora, due giovani innamorati, lei, Caterina, figlia di un ricco e potente mercante, lui un semplice e povero ragazzo di bottega. I loro passionali incontri clandestini terminarono quando la famiglia di lei, scoperta la relazione, fece uccidere il giovane. Caterina venne rinchiusa in un convento dove diede alla luce il figlio di quell'amore interrotto impietosamente.

Il bambino, nato deforme, venne vestito con un saio da frate col cappuccio, per nascondere alla cattiveria umana i suoi difetti fisici. Il bambino, ribattezzato da tutti 'o monaciello, fu l'oggetto del dileggio, dei dispetti e degli insulti del quartiere. Questi sberleffi continuarono fino a quando non scomparve improvvisamente, forse ucciso dalla sua stessa famiglia. Gli abitanti del quartiere continuarono a vederlo correre tra le piazze, le vie ed i vichi della Città, affibbiandogli, per vendicare quello che aveva patito in vita, la responsabilità degli eventi nefasti che capitavano.

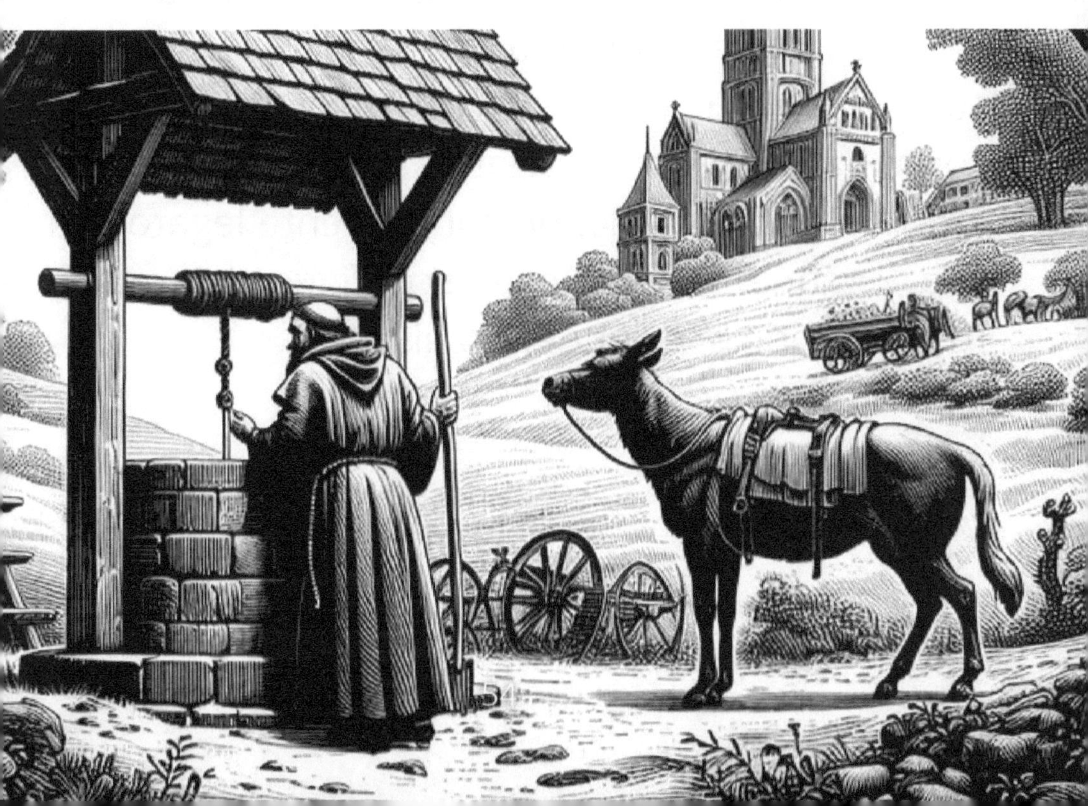

Mulino

 Il Mulino a vento, collocato in alto vicino il castello di Erode, contiene, come abbiamo visto più volte fino ad ora, significati diversi ed in antitesi tra loro. È innanzitutto, per via delle sue pale che non smettono di girare, il simbolo del tempo. Ciò che esso produce al suo interno, la farina, simboleggia al tempo stesso la vita e la morte. Il colore bianco della farina rende quest'ultima allegoria della morte, simbolo associato anche al mugnaio che, per il lavoro che svolge, è cosparso di farina, pallido, cadaverico. Ma la farina è anche l'ingrediente principale del pane che, per il dogma cristiano della transustanziazione, è lo stesso corpo di Cristo. Così come dalla farina, associata da sempre al sonno eterno, nasce il pane, profondamente legato alla vita umana, così Gesù sconfigge la morte resuscitando e ascendendo al cielo.

Natività

Veniamo ora al nocciolo indispensabile, al fulcro vitale, alla presenza imprescindibile di tutto il presepe: la natività. Un presepe, anche se modesto e scarno, potrebbe esistere senza benino, i pastori, le lavandaie; ma non è concepibile immaginare un presepe senza le statuine di Giuseppe, di Maria e del bambinello. Il padre putativo di Gesù è raffigurato come un anziano dal capo canuto che si regge su un bastone, a volte fiorito. Questa rappresentazione classica dell'arte presepiale trova il suo fondamento nei vangeli apocrifi che descrivono Giuseppe come un uomo molto anziano che ha l'unico compito di proteggere il candore di Maria. Ciò permette di individuare nella figura di Giuseppe quella di un saggio che abbia le capacità e l'esperienza per guidare, istruire e proteggere il figlio; la sua età molto avanzata è anche l'ulteriore garanzia di verginità della Madonna.

Nei protovangeli Giuseppe è raffigurato come un vedovo che ha ricevuto la dodicenne Maria in sposa o, secondo altri testi, in affidamento. Questo figlio della stirpe di Davide, messo a dura prova, è il simbolo dell'estrema fede nei disegni di Dio. Interessante è capire il motivo per il quale il suo bastone è talvolta rappresentato fiorito, vi sono svariate versioni che spiegano questo simbolo iconografico. Secondo una leggenda gli amici di Giuseppe, non credendo al fatto che Maria non fosse incinta del suo sposo e che in realtà portasse nel grembo il figlio di Dio, dissero con tono di sfida che se era vero quanto diceva, il legno secco del suo bastone doveva fiorire; e fu così che dalla verga del Santo sbocciarono dei gigli (ovviamente simbolo di purezza, verginità e castità). Secondo un'altra leggenda, riportata nel protovangelo di Giacomo, Maria viveva dall'età di un anno nel tempio, da quando era stata consegnata lì come dono per Dio, mentre Giuseppe era un vedovo che aveva superato gli ottant'anni.

Quando Maria da bambina diventò fanciulla, il Sacerdote del tempio interrogò Dio sulla sorte della ragazza e ricevette come risposta l'ordine di convocare tutti gli uomini vedovi della Giudea, poiché un evento prodigioso gli avrebbe fatto capire a chi consegnarla in sposa. Ed ecco che quando l'anziano Giuseppe entrò nel tempio una colomba si posò sulla sua testa e dal suo bastone sbocciarono i fiori. La sua sposa, Maria, porta un mantello azzurro, simbolo del cielo e del suo ruolo d'intercessione per varcare le porte del Paradiso. È raffigurata mentre adora o contempla Gesù, il frutto di quel mistero che l'ha resa protagonista. La sua posizione è a sinistra, cioè alla destra del bambino, così come nella tradizione ebraica la Regina madre sedeva alla destra del Re e così come Papa Pio X, in una sua enciclica, individuò la posizione che la Madonna assunse al momento della sua ascensione in cielo. Le braccia aperte di Maria, pronte a stringere il neonato al petto, sono le stesse braccia che reggeranno il corpo esanime di suo figlio deposto dalla croce.

In quello sguardo carico di amore c'è la consapevolezza del destino che dovrà affrontare. Questa giovane donna, in cui si compie il piano del Signore, accetta senza esitazione un compito molto più grande di lei; per tale motivo Maria è il simbolo per antonomasia del donare tutto se stessi a Dio, della devozione senza confini. Tra la mamma e il papà troviamo il bambinello Gesù, posizionato, come da tradizione, alla mezzanotte della vigilia di natale, magari, come avviene in "Natale in casa Cupiello", portato lì da un corteo festante. Tutta la magia del presepe si canalizza in questa piccola statuina, (quasi) tutti i pastori vanno a rendergli omaggio, è in lui che inizia e finisce il sogno di Benino.

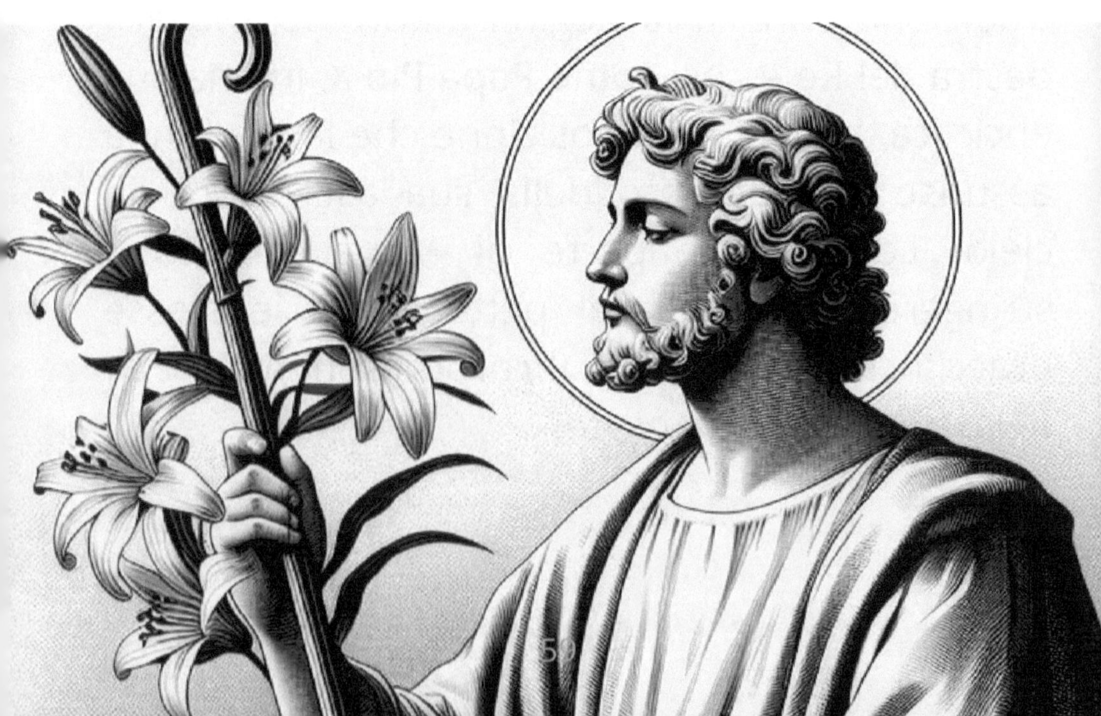

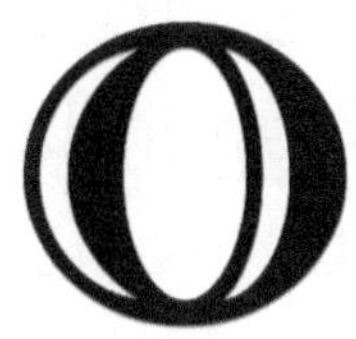

Oste

Se nel presepe la grotta, o la stalla, è il luogo sacro per eccellenza, l'osteria è il covo del male, del peccato, dei vizi, delle forze demoniache. Non sorprende che questi due luoghi, così antitetici tra loro, siano posti sullo stesso piano, uno accanto all'altro. La loro vicinanza rende ancora più semplice il confronto tra il bene ed il male, tra i vizi e le virtù, tra la salvezza e la perdizione. La taverna è il luogo simbolo delle perversioni umane, dove si svolgono attività di meretricio, dove scoppiano spesso le risse, dove gli uomini si abbandonano ai fumi dell'alcool e perdono tutti i loro denari nel gioco d'azzardo. L'osteria è anche il posto che non diede riparo a Giuseppe e Maria, che ne ostacolò il cammino, che respinse Cristo. La figura che non può mancare al suo interno è l'oste, raffigurato spesso come un grasso ed anziano signore dalle gote rosse e con un'escrescenza sulla fronte, simbolo delle corna del diavolo.

Ed è proprio il demonio che si cela sotto il grembiule di questo personaggio. Una leggenda racconta di come San Nicola (santo molto legato al natale tanto da divenirne il suo "testimonial" principale: Santa Claus, Babbo Natale) di passaggio dall'osteria rifiutò di mangiare il piatto servitogli poiché capii che non si trattava di pesce, come il malefico oste suggeriva, bensì di carne umana, precisamente di carne di bambini. Il santo chiese al locandiere di mostrargli dove fosse conservato quel pesce, così venne condotto dinnanzi ad alcune botti contenenti la carne sotto sale dei fanciulli uccisi. San Nicola si racchiuse in preghiera e dalle botti uscirono i bambini vivi. L'oste, dopo questo miracolo, si convertì. Ne "La Cantata dei Pastori", un'opera seicentesca che narra della nascita di Gesù, l'oste tenta di adescare Giuseppe e Maria per uccidere la Vergine, ma il suo piano malvagio verrà sabotato dagli angeli. La copiosa quantità e la ricca varietà di cibi, piatti, carni, frutta, ortaggi ecc. ecc. presente nell'osteria, oltre ad essere la testimonianza della nutrita tradizionale culinaria partenopea ed oltre ad esorcizzare la "fame" patita troppe volte dal popolo napoletano, serve a distogliere gli avventori dal miraco-

-loso evento che sta per compiersi a pochi passi dalla locanda. Dunque i pastori del presepe si trovano a scegliere tra il cibo del corpo ed il cibo dello spirito, tra saziare la pancia o dissetare l'anima; una scelta scontata se ci si ricorda di quel passo del Vangelo "Non di solo pane vive l'uomo". L'abbondanza dei tavoli, delle pareti e delle dispense dell'osteria deriva anche dal ricordo di una sadica e sgradevole tradizione: l'albero della cuccagna. Durante il carnevale i poveri lottavano tra di loro per ottenere un pranzo, ricco di prelibate cibarie, offerto dai nobili. La nobiltà si prendeva gioco dello stato di fame e miseria che portava la gente persino a ferirsi o a morire pur di riuscire ad accaparrarsi qualche leccornia appesa a questi alti alberi posizionati in piazza del Plebiscito.

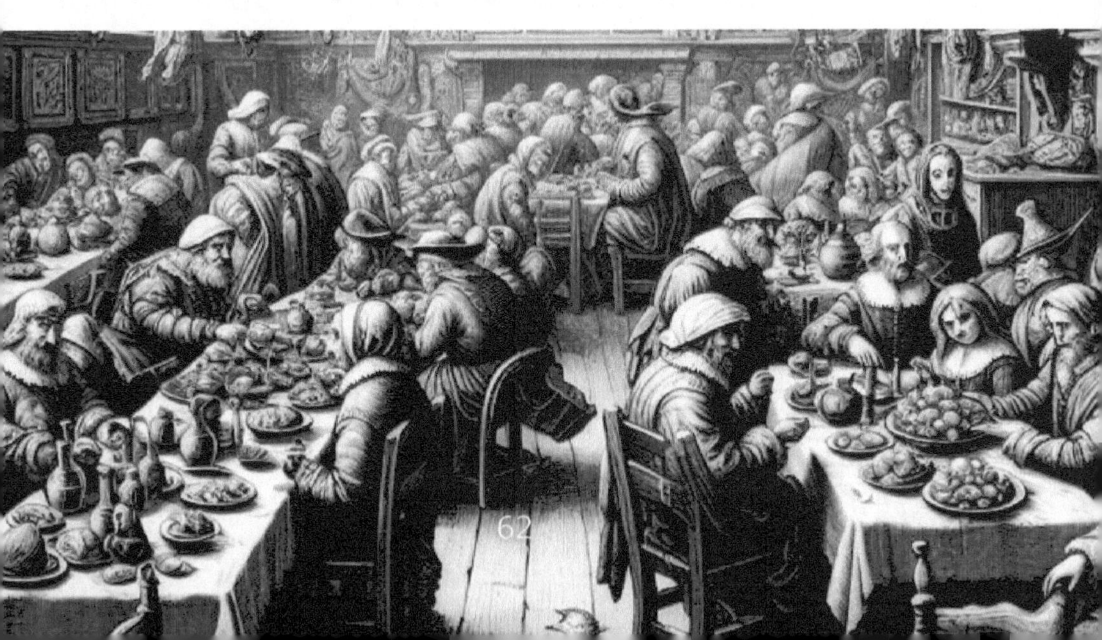

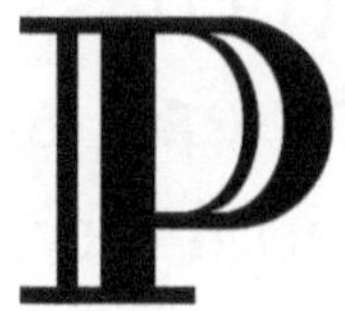

Pastore e pecore

Tra le tante allegorie custodite nel presepe, quelle racchiuse nelle statuine dei pastori e delle pecore sono le più facili e istintive da cogliere. La religione cristiana si è proprio sviluppata intorno a queste figure ed i loro riferimenti all'interno dei vangeli sono svariati. Le greggi, il popolo di Cristo, sono guidate verso la grotta dai pastori, che simboleggiano i sacerdoti o Gesù stesso. Non si può non cogliere il riferimento al "buon pastore" in quella tipica statuina che regge un agnello sopra le proprie spalle, Dio che regge il peso di tutta l'umanità. Sono loro, uomini umili come testimoniano i loro modesti vestiti, a giungere per primi al cospetto della Sacra famiglia, prima ancora dei Re Magi, portando quel poco che possiedono: i frutti della terra e la loro devozione. La loro figura è così importante che il termine "pastore", in relazione al presepe, è diventato una sineddoche, si usa questa parola per indicare tutte le statuine posizionate sullo scoglio.

Pescatore

Abbiamo già incontrato il pescatore parlando del cacciatore e del fiume. Il suo simbolismo è fortemente legato, specialmente nel periodo paleocristiano, a quello di Gesù. Il segno del pesce, rinvenibile in molte catacombe, agli albori del cristianesimo indicava Cristo; la parola greca "ikhtys" (pesce) è l'acronimo di "Iesous Khristos Theou Yuios Soter" ovvero "Gesù Cristo Salvatore Figlio di Dio". Semplice è anche il riferimento con la metafora, contenuta nel Vangelo, dei pescatori di uomini; di quando Gesù accolse come suo discepolo Simone il pescatore (San Pietro). Il pescatore, a differenza del cacciatore, è simbolo di vita, di umiltà; appartiene al ceto povero della società, è con il sudore della sua fronte che sfama la sua famiglia.

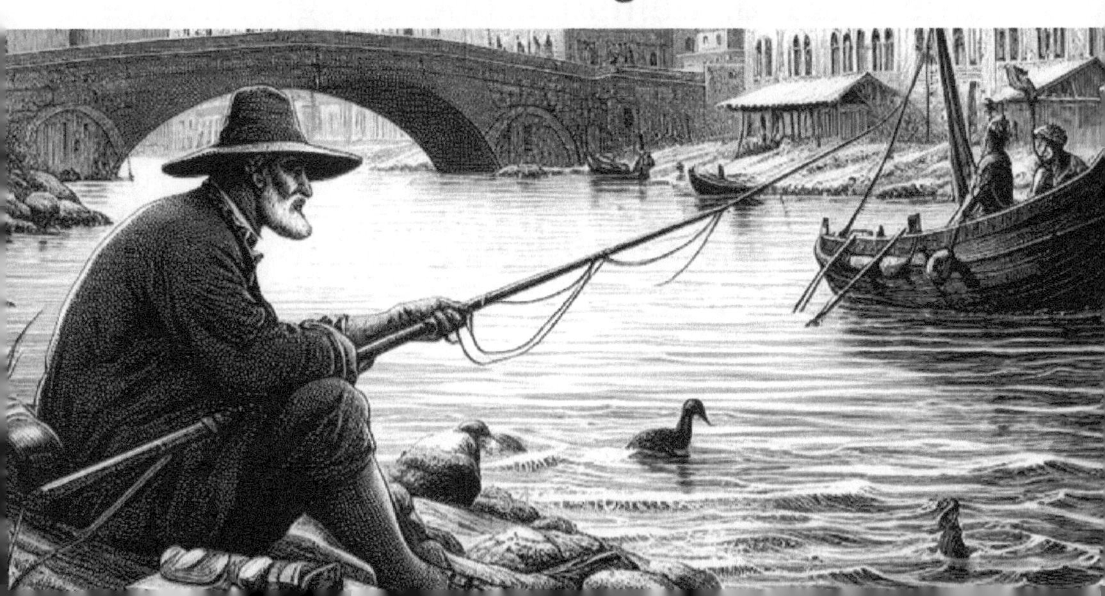

Ponte

Il ponte è un elemento artificiale del presepe dal simbolismo contrastante. Sarebbe, infatti, sia l'allegoria del cammino, del viaggio, del pellegrinaggio per giungere dinnanzi a Gesù; ma anche un segno di confine tra il mondo dei vivi e quello dei morti. Questa struttura contiene al suo interno un duplice e contrapposto significato: quello del collegamento e quello della divisione. Si è già spiegato il significato del fiume se guardato da riva a riva, ed ecco che il ponte, che sovrasta il corso d'acqua, è lo strumento di connessione tra due mondi, tra due dimensioni, tra due realtà. Esprime l'evoluzione, il continuo cammino interno dell'uomo, l'elevazione spirituale per superare gli ostacoli. Ma il ponte custodisce anche un significato più oscuro se visto come linea di demarcazione tra gli inferi e il regno dei vivi. Molte leggende di luoghi diversi, pressoché identiche, attribuiscono al diavolo la costruzione di un ponte, posto su una ripida gola, in cambio dell'anima del primo passante che lo attraversi.

Qui interviene generalmente la figura di un santo, di un eremita o di un semplice uomo devoto, che inganna il demonio facendo calcare le pietre del ponte ad un cane, una pecora o ad un altro animale.

Pozzo

Il pozzo è l'elemento che collega gli inferi, il mondo delle tenebre, le viscere della terra con la superficie. Per questa simbologia, il pozzo è identificato come un elemento negativo all'interno del presepe. Tante sono le superstizioni ad esso legate: c'è chi dice di non attingervi durante il periodo natalizio perché c'è il rischio di far emergere forze demoniache e c'è chi sostiene di non affacciarsi la notte di Natale perché il pozzo restituirà il riflesso delle persone che moriranno durante l'anno.

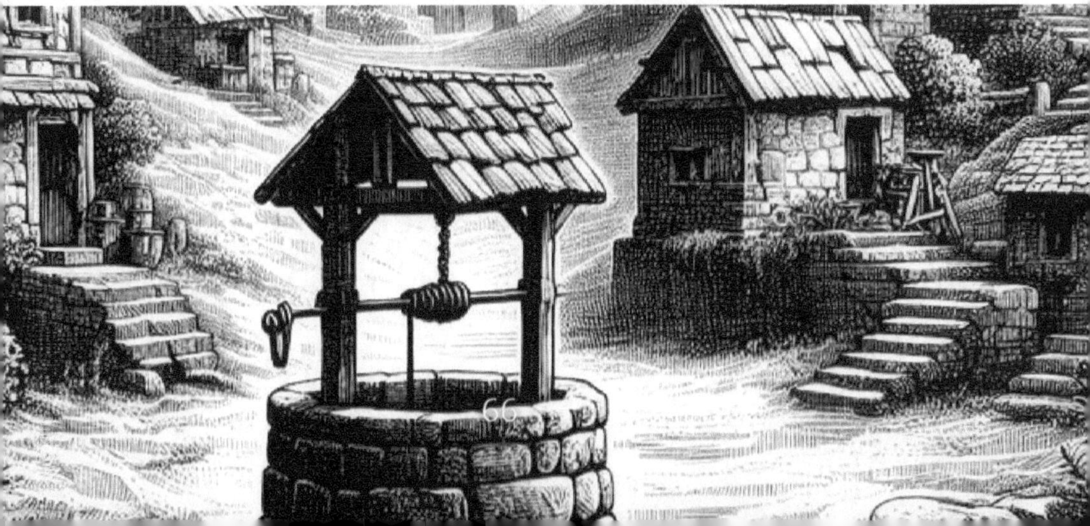

Presepe

Per trattare l'oggetto di tutta questa enciclopedia è utile partire dalla sua etimologia. Il termine presepe deriva dalle parole latine "prae" davanti e "saepes" recinto; indica dunque sia la stalla che la mangiatoia, l'unico indizio che Luca ci consegna nel suo vangelo sul luogo esatto in cui nacque Gesù. La leggenda fa risalire a San Francesco la rappresentazione del primo presepe (vivente) quando nella notte di Natale del 1223 condusse in una grotta (poiché a quel tempo le rappresentazioni non potevano tenersi in chiesa), decorata con della paglia, un bue ed un asino veri e collocò una mangiatoia vuota. Il Santo voleva portare a Greccio la meraviglia che aveva ammirato nella terra santa. In quella notte magica, illuminata dalle fiaccole e dalle candele rette dalla gente accorsa ad ascoltare le parole del santo, qualcuno udì il pianto del bambino nato, qualcun altro, invece, riuscì a scorgerlo dormire nella greppia. Successivamente la rappresentazione rudimentale della natività iniziò a comparire nelle chiese e nelle cappelle private, ma fu il '700 l'epoca d'oro del presepe.

Tra il diciassettesimo e diciottesimo secolo i nobili facevano a gara ad avere il presepe più maestoso, realistico, sfarzoso e bello. La sacra raffigurazione era diventata una manifestazione del proprio status, da sfoggiare in occasione di ricevimenti e banchetti. Scultori, artisti, fabbri, falegnami, sarti e orafi si davano da fare per soddisfare le richieste, sempre più esigenti, delle famiglie partenopee d'alto rango. I vestiti dei pastori più importanti erano fatti addirittura della seta dei reali opifici di San Leucio. In questo periodo la raffigurazione iniziò ad arricchirsi di personaggi, mestieri e scene tipiche del '700; ad animare il presepe non erano più soltanto le canoniche figure religiose, ma anche tutte quelle che ancora oggi affollano le botteghe dei maestri presepai di San Gregorio Armeno. Il presepe aveva quindi perduto l'originaria funzione di celebrare l'avvento di Dio ed aveva assunto lo scopo di stupire ed ostentare la propria ricchezza e posizione sociale. Ecco dunque la spiegazione storica dell'anacronismo ricorrente nel presepe napo-letano settecentesco, certo un po' meno elegan-te del sogno di Benino.

Contrapposto al presepe popolare troviamo il presepe storico, più diffuso nella penisola iberica e nell'America latina, che raffigura la nascita di Gesù proprio nel suo contesto e nella sua ambientazione naturale, con palme, sinagoghe, tende e tanta sabbia. Gli obiettivi di queste due tipologie di presepe sono dunque differenti: per uno riprodurre fedelmente il luogo e il tempo in cui nacque Cristo, per l'altro continuare a tramandare tutte quelle tradizioni, quei miti e quei simboli frutto di una continua stratificazione di culture, civiltà e religioni.

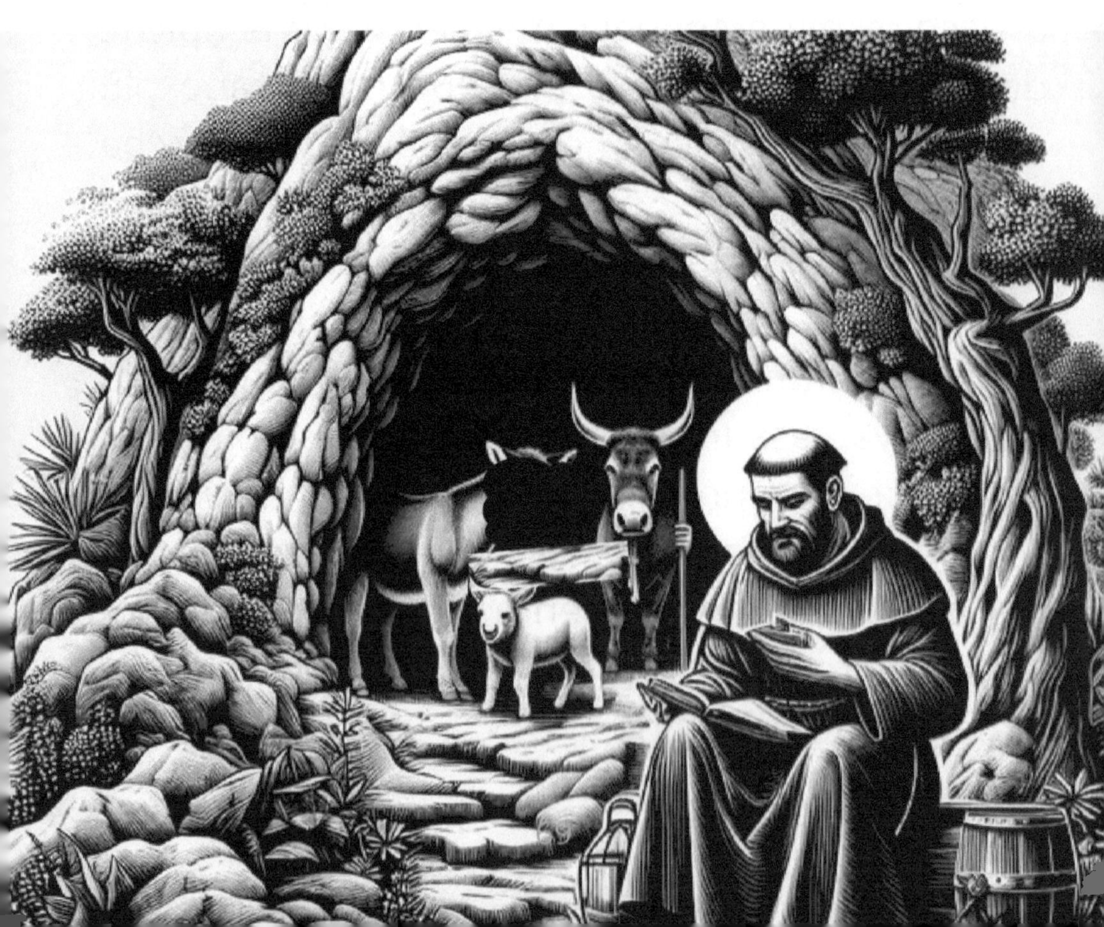

Pulcinella

Il popolo napoletano trova posto nel presepe rappresentato dalla sua amata e caratteristica Maschera: Pulcinella. Viene raffigurato nelle pose più disparate, spesso dentro l'osteria, seduto su d'una botte, mentre suona il tamburello, mentre beve vino ecc. ecc. Pulcinella in realtà, come testimoniato dal bianco del suo costume (Ricorderete il bianco del mugnaio) e dalla sua maschera nera, è una presenza demoniaca all'interno del presepe; la leggenda infatti narra che sia stato creato da delle streghe alle pendici del Vesuvio. Pulcinella, che cerca di affrontare gli ostacoli e le difficoltà sempre col sorriso e la battuta pronta, è veramente l'allegoria del popolo napoletano. Esprime anche un profondo conflitto interiore: passa velocemente dal sorriso alla malinconia, non si prende sul serio ma cerca di fare il furbo, può dispensare consigli da saggio ma può essere anche infantile; questa maschera mette in risalto le contraddizioni, le luci e le ombre di Napoli.

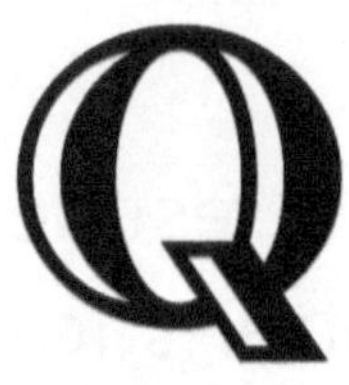

Questuanti

Gobbi, ciechi, storpi, zoppi, monchi. Sono varie e numerose le figure di questuanti, mendicanti, che popolano il presepe napoletano. La loro simbologia va oltre il precetto di "aiutare il prossimo" contenuto nel vangelo. In realtà i mendicanti nel presepe rappresentano i defunti, le anime pezzentelle, cioè quelle anime, dette purganti, che espiano nel Purgatorio le proprie pene e chiedono aiuto ai vivi per agevolare la loro "salita" in Paradiso tramite le preghiere. I mendicanti, al pari dei bambini da cui sono spesso accompagnati, così come i morti che non possono più pregare per la loro salvezza, non sono in grado di provvedere autonomamente a sfamarsi ed hanno dunque bisogno del sostegno degli altri uomini. Fare la carità equivale dunque a "sfamare" le anime dei morti. In questa forma estrema di miseria troviamo l'esaltazione dei valori cristiani, solo privandosi di tutto, solo tramite la spoliazione materiale potremo fare ingresso nel regno di Dio.

Rovine

Soventemente la sacra famiglia, nei presepi napoletani settecenteschi, non è posizionata in una grotta o in una stalla, ma tra le rovine di un tempio romano. Tra colonne spezzate, capitelli in frantumi e archi danneggiati, in quello che sembra il teatro di un terremoto, spiccano San Giuseppe e la Madonna con in braccio il Bambinello. Se utilizzassimo una chiave di lettura religiosa per comprendere il perché di tale ambientazione, ne deriverebbe che quei ruderi simboleggiano la vittoria del cristianesimo sul paganesimo, la rapida ascesa di questa nuova religione a discapito della vecchia. Tuttavia le ragioni storiche, più pragmatiche e meno metafisiche, dietro quelle macerie sono altre. La prima metà del '700, oltre ad essere il momento più florido per il presepe, è il periodo in cui iniziano le prime indagini archeologiche dei siti di Pompei ed Ercolano, in cui vengono alla luce i primi reperti conservati dal logorio del tempo grazie agli eventi catastrofici del 79 d.C.

La meraviglia suscitata da quei rinvenimenti è tanta che si traduce nella volontà di traslare quegli elementi all'interno del presepe. Altro esempio dello stupore che aveva colpito i napoletani è dato dal criptoportico nei giardini della Reggia di Caserta. Il fascino per la classicità scatenato dai primi scavi archeologici ha lasciato il segno anche nel verde della dimora voluta da Carlo di Borbone (uno dei primi e più importanti cultori del presepe, come dimostra lo splendido esemplare custodito all'interno della Reggia voluto dallo stesso Re e poi perfezionato da Francesco I). Vicino al famoso "Bagno di Venere", nel giardino inglese, questa misteriosa galleria accoglie, tra finte crepe e finti crolli come quelli che caratterizzavano le strutture di Pompei ed Ercolano, statue classiche (reali) provenienti dalla collezione Farnese.

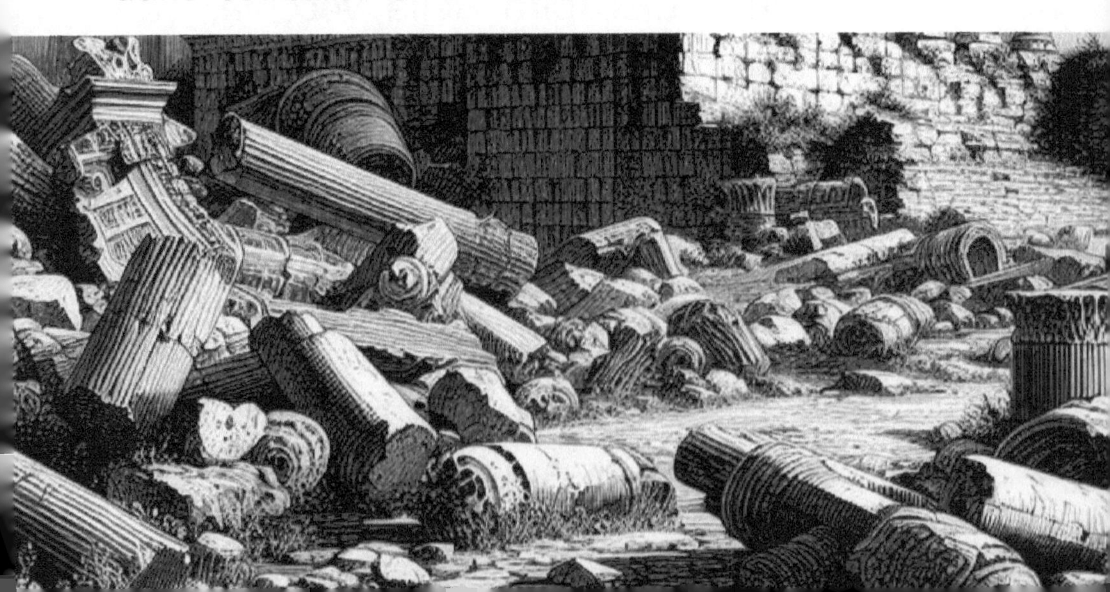

Stella Cometa

La stella cometa è universalmente riconosciuta come simbolo del natale oltre che del presepe. In cartoncino, con glitter o addirittura proiettata è un elemento di cui il nostro presepe non può fare a meno. In realtà bisognerebbe parlare semplicemente di stella, poiché l'aggiunta di "cometa" è un'innovazione rispetto a quanto scritto nel vangelo. Fu infatti Giotto, mentre dipingeva la Cappella degli Scrovegni, impressionato dalla Cometa di Halley che nel 1301 sorvolò l'Italia, a cambiare la natura di questo corpo celeste aggiungendogli la coda. Molti astronomi nel tempo si sono interrogati sulla sua natura arrivando ad ipotizzare che in realtà si trattasse di una congiunzione di pianeti. Semplice stella, cometa, meteora o congiunzione astrale, ciò che non cambia è il significato di cui essa è portatrice. Un astro che scorta i viandanti attraverso le asperità e le oscurità della notte, che rischiara e agevola il cammino, che conduce a ciò che è davvero importante.

Fu la stella che guidò i magi verso Betlemme, la stella che annunciò la nascita del Re dei re, la stella contenuta in un'antica profezia. Il suo messaggio di luce, di speranza e di pace continua a splendere ancora oggi nei nostri presepi.

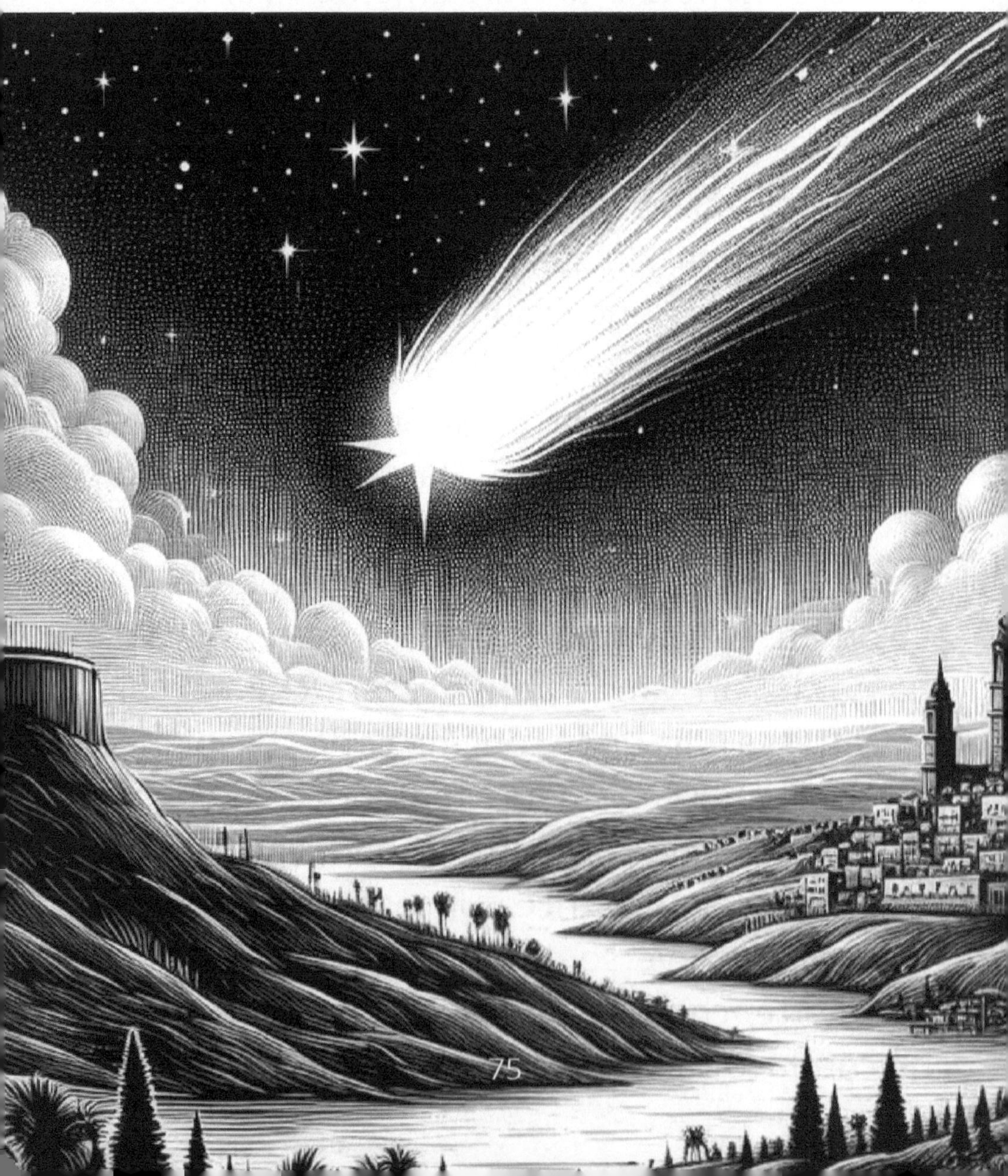

Suonatori

Vicino la grotta, come per accompagnare il sonno del Bambinello con una ninna nanna, ci sono i suonatori. Il più anziano suona la zampogna, il più giovane una ciaramella, uno strumento musicale popolare. Il vescovo Alfonso Maria 'de Liguori, nella seconda metà del 1700, raggruppava i giovani poveri, con l'obiettivo di introdurli sulla strada del cristianesimo, e li portava in giro a cantare la canzone, da lui composta, "Quanno nascette Ninno" divenuta poi famosa con il titolo "Tu scendi dalle stelle". A questo coro improvvisato si aggiunsero in seguito le zampogne. Ma questi strumenti a fiato ci riportano, ancora una volta, alla mitologia classica e precisamente al flauto del dio Pan, venerato specialmente nell'ambito agreste e pastorale. Ancora oggi il suono di questi strumenti ci fa immergere nella magica atmosfera natalizia.

Tre Magi

Abbiamo conosciuto il significato dei loro nomi, abbiamo visto che a volte è presente una loro "collega" di sesso femminile, abbiamo decantato lo splendore del loro corteo, ora dobbiamo comprendere chi erano e cosa simboleggiano all'interno del presepe i tre Re Magi. Il termine "magio" è un sinonimo di sapiente, per tale motivo, e per il fatto che essi seguissero una stella, si pensa che i tre fossero scienziati che occupavano posizioni di potere, probabilmente sacerdoti dello zoroastrismo. Questi uomini simboleggiano i tre continenti conosciuti all'e-poca di Gesù (Europa, Africa e Asia), ma anche le stagioni della vita. Il loro cammino è speculare a quello del sole, non a caso vengono da oriente, che inizia nella notte e termina con la nascita del nuovo sole, ovvero la nascita di Cristo. Anche i destrieri che cavalcano, nonostante spesso vengano rappresentati su cammelli, riprendono questo simbolismo: il cavallo nero è la notte, quello rosso il mezzogiorno e quello bianco l'alba. Ecco perché i Re Magi sono gli unici pastori all'interno del presepe che si muovono, rigorosamente da destra a sinistra come il sole, avvicinandosi sempre più alla grotta. Il loro numero ed i loro nomi, sul cui significato confliggono diverse interpretazioni, ci vengono consegnati dal vangelo armeno dell'infanzia, mentre l'evangelista Matteo si limita a narrare il loro passaggio da Erode ed il loro arrivo alla grotta. Il vangelo dell'infanzia arabo-siriano narra che Maria diede ai Magi una fascia in cui era avvolto il bambino. I Magi, come da loro tradizione, accesero un fuoco e vi gettarono dentro il dono, quando il fuoco si spense la fascia era ancora integra. Anche Marco Polo, nella sua famosa opera "Il Milione" dedica spazio alla storia di questi tre sapienti, la cui tomba si trova nella città persiana di Saba. Il viaggiatore veneziano narra che, portando uno alla volta il suo dono (oro per sapere se fosse umano, incenso per sapere se fosse divino e mirra per sapere se fosse eterno), ognuno vedeva in Gesù il proprio aspetto e la propria età, ma quando lo ammirarono contemporaneamente gli apparve nel suo reale aspetto di un bambino nato da poco. Offerti i loro doni, Gesù ricambiò consegnandogli una scatola chiusa che, una volta aperta quando ripresero il cammino, conteneva una pietra, simbolo dello star saldi nella fede. I tre gettarono la pietra in un pozzo e subito un fuoco, proveniente dal cielo, si scagliò dove la pietra era stata buttata. Quando i magi videro questo prodigio, pentendosi di ciò che avevano fatto, presero un po' di quel fuoco e lo custodirono in un loro tempio. Quando le fiamme si spegnevano si recavano nel luogo del prodigio, dove il fuoco non aveva mai smesso di ardere, per continuare a conservalo ed adorarlo.

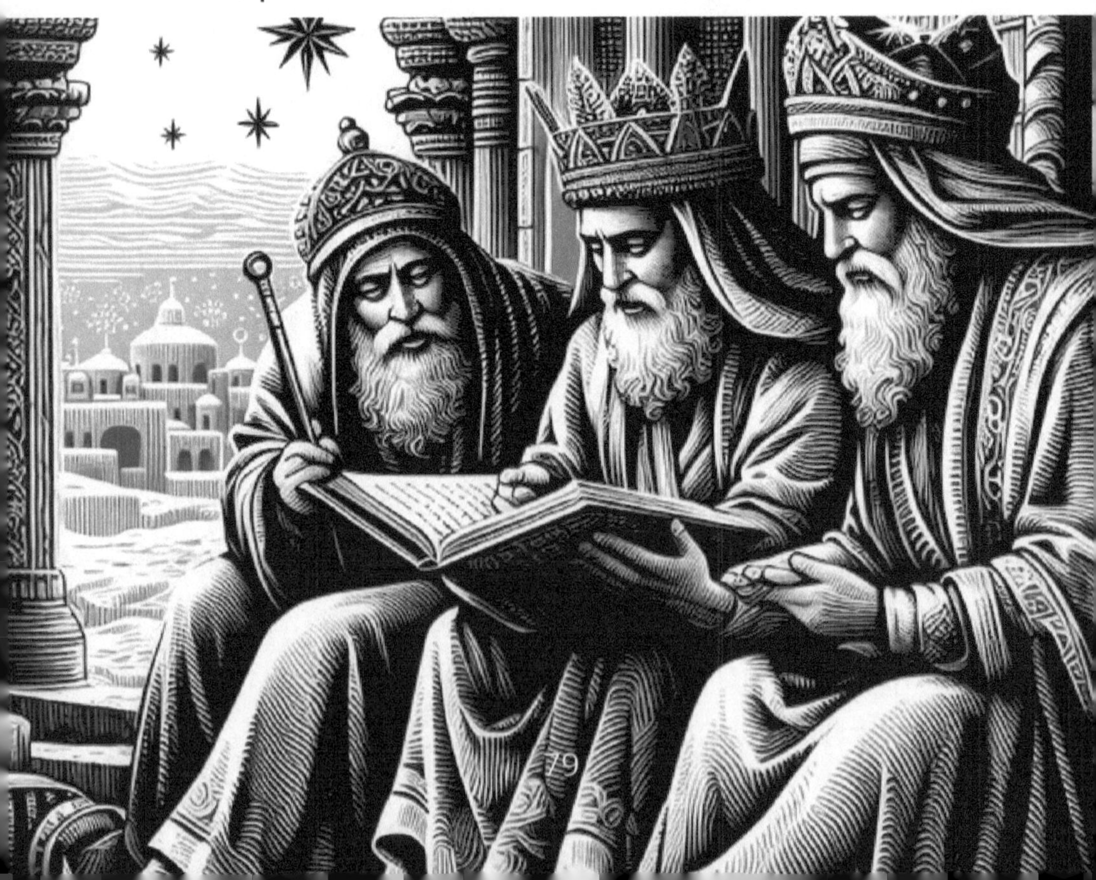

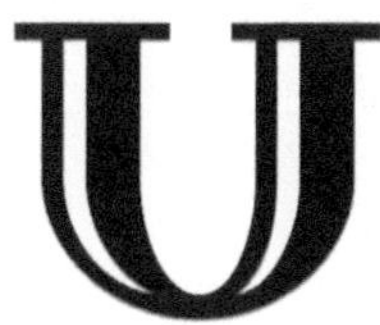

Uomo della meraviglia

Davanti la grotta c'è un uomo che cattura l'attenzione, con le braccia spalancate e rivolte verso il cielo, gli occhi e l'espressione colmi di stupore: è il pastore della meraviglia. Questo personaggio consegna a Gesù il più prezioso di tutti i doni, ovvero meravigliarsi dinnanzi la sua nascita. In quello sguardo è racchiusa tutta l'essenza del presepe. È il mondo intero che spalanca la bocca e apre le braccia davanti al verbo che si fa carne. Qualcuno in lui ci vede lo stesso Benino, giunto alla fine del suo viaggio. Quegli occhi che prima erano chiusi e ammantati dal sonno adesso si aprono alla luce di Cristo.

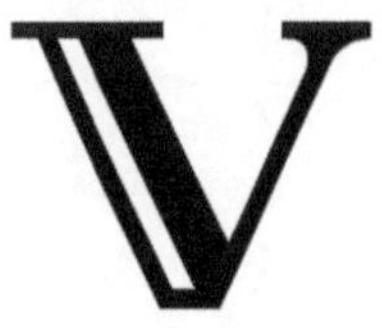

Venditori

Ogni singolo venditore all'interno del presepe rappresenta un mese dell'anno, collegato al mestiere o all'attività che svolge:

GENNAIO	SALUMIERE
FEBBRAIO	VENDITORE DI RICOTTA O FORMAGGIO
MARZO	POLLIVENDOLO O VENDITORE DI UCCELLI
APRILE	VENDITORE DI UOVA
MAGGIO	VENDITORE DI CILIEGIE
GIUGNO	PANETTIERE
LUGLIO	VENDITORE DI POMODORI
AGOSTO	VENDITORE DI ANGURIA
SETTEMBRE	VENDITORE DI FICHI O SEMINATORE
OTTOBRE	VINAIO
NOVEMBRE	VENDITORE DI CASTAGNE
DICEMBRE	PESCIVENDOLO

Z

Zi' Vicienzo e Zi' Pascale

Dentro l'osteria spesso troviamo due simpatici vecchietti intenti a giocare a carte o a bere vino. Zi Vicienzo e Zi Pascale, questi i loro nomi, sono il simbolo del carnevale e della morte. Questi due compari, anche detti i "San Giovanni" con riferimento ai due solstizi, segnano l'inizio e la fine della quaresima.

Zingara

La figura della zingara, associata all'arte della divinazione, è la trasposizione sul presepe delle Sibille, le profetesse della mitologia greco-romana. Vi sono due diverse raffigurazioni della zingara, sempre legate alla sua capacità profetica. La prima, mentre vende chiodi o arnesi di ferro, predisse la passione di Cristo; la seconda, che regge tra le sue braccia un bambino, profetizzò la nascita del Salvatore ed ebbe la superbia di credere che fosse lei la vergine prescelta, ma, quando gli angeli proclamarono l'avvento di Gesù, fu trasformata in una civetta.

CONCLUSIONI

Questo testo non si è posto l'obiettivo di divulgare nuove scoperte, interpretazioni o i risultati di nuove ricerche. Lo scopo era quello di schematizzare quel sapere diffuso, il più delle volte tramandato oralmente, per rendere più agevole ed immediata la conoscenza dei vari significati legati al presepe. Più che un libro, nel senso proprio del termine, è più corretto definire questo testo un libretto delle istruzioni, da sfogliare mentre si fa il presepe. La speranza è che si possa continuare a seguire Benino nel suo viaggio con la curiosità e lo stupore di un bambino, ricordando sempre che il presepe è un piccolo specchio delle nostre culture.

www.ingramcontent.com/pod-product-compliance
Lightning Source LLC
Chambersburg PA
CBHW031320250726
48656CB00005B/1898